U0134651

大埔故事

大埔故事

孔慧怡

OXFORD
UNIVERSITY PRESS

牛津大學出版社隸屬牛津大學，以環球出版為志業，
弘揚大學卓於研究、博於學術、篤於教育的優良傳統
Oxford 為牛津大學出版社於英國及特定國家的註冊商標

牛津大學出版社（中國）有限公司出版
香港九龍灣宏遠街 1 號一號九龍 39 樓

大埔故事

孔慧怡

第一版 2023

ISBN: 978-988-8838-69-1

1 3 5 7 9 10 8 6 4 2

鳴　謝

這本書寫作期間遇上 COVID-19，我一直困在英國，很多原定親身在香港做的資料搜集工作無法進行，是個遺憾。尤幸我在疫症出現前的兩年做了基本功夫，又得到朋友們幫忙，加上網上有很多舊大埔的照片和討論，是極好的參考材料。此外，更要感謝朋友分享個人經歷和回憶，包括譚高貴嬌、謝文珠、馬老太太、林祿榮、丘青如、碗窰展覽室的職員、Cathy Poon、Andrew McAuley、T. L. Tsim，還有散步和坐車時遇上、未通姓名的大埔街坊。

本書所用照片除了特別說明之外，版權屬於作者所有。要是沒有下列的朋友拔「照」相助，這本書會欠缺不少珍貴照片：Professor Hugh Baker、周綺華、Hong Kong Heritage Project 的李昇平及其他工作人員、367 Association 的 Bruce Deadman 和 Andrew Suddaby、Gwulu 網站的 David Bellis、George Watson's College 的 Catherine Stratford、National Galleries of Scotland 的 Laura Feliu Lloberas 及其他工作人員、鐵路博物館的林先生。特別要感謝《林村誌》主編林祿榮，他提供了大量大埔體育會檔案中龍舟競賽、大埔節和吐露港渡海泳的照片。

香港中央圖書館藏有不少大埔的老照片，其中一張 1960 年代後期的鳥瞰全景對我特別有意義，有幸得到香港中文大學中文系樊善標、香港文學研究中心蘇偉柟和牛津大學出版社劉偉成的幫忙，終於理清版權事宜，得以用於本書最後一章，謹此致謝。

目　錄

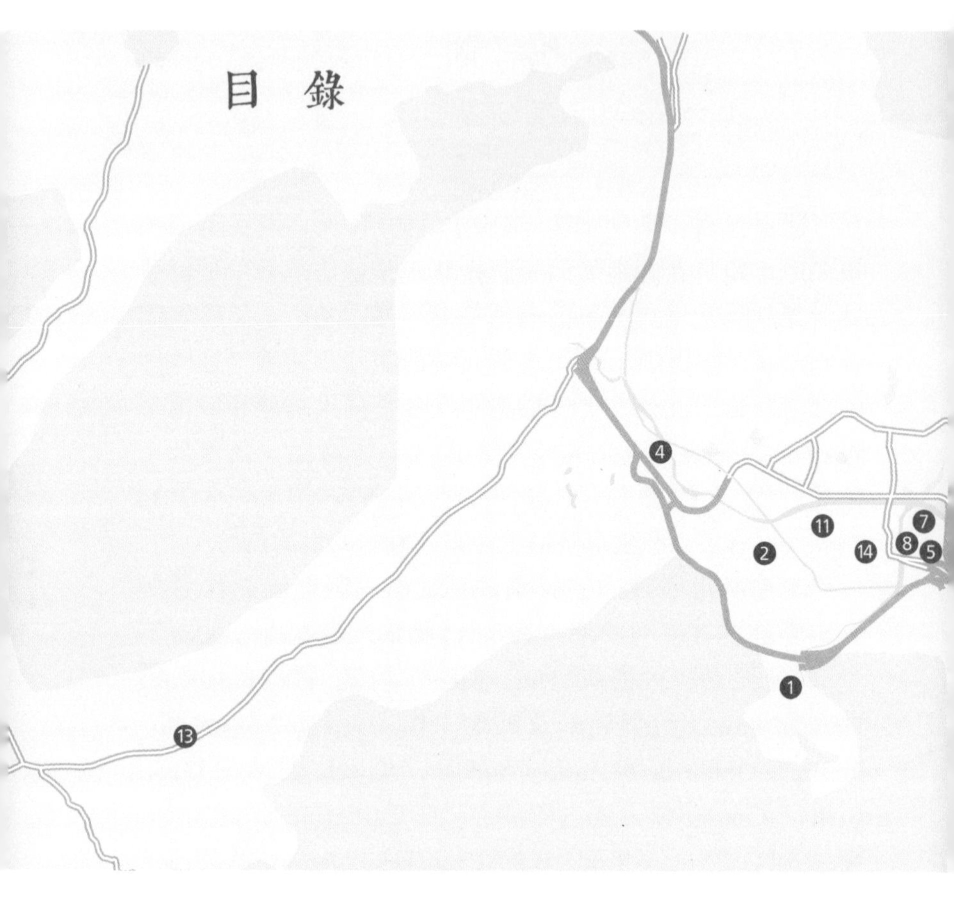

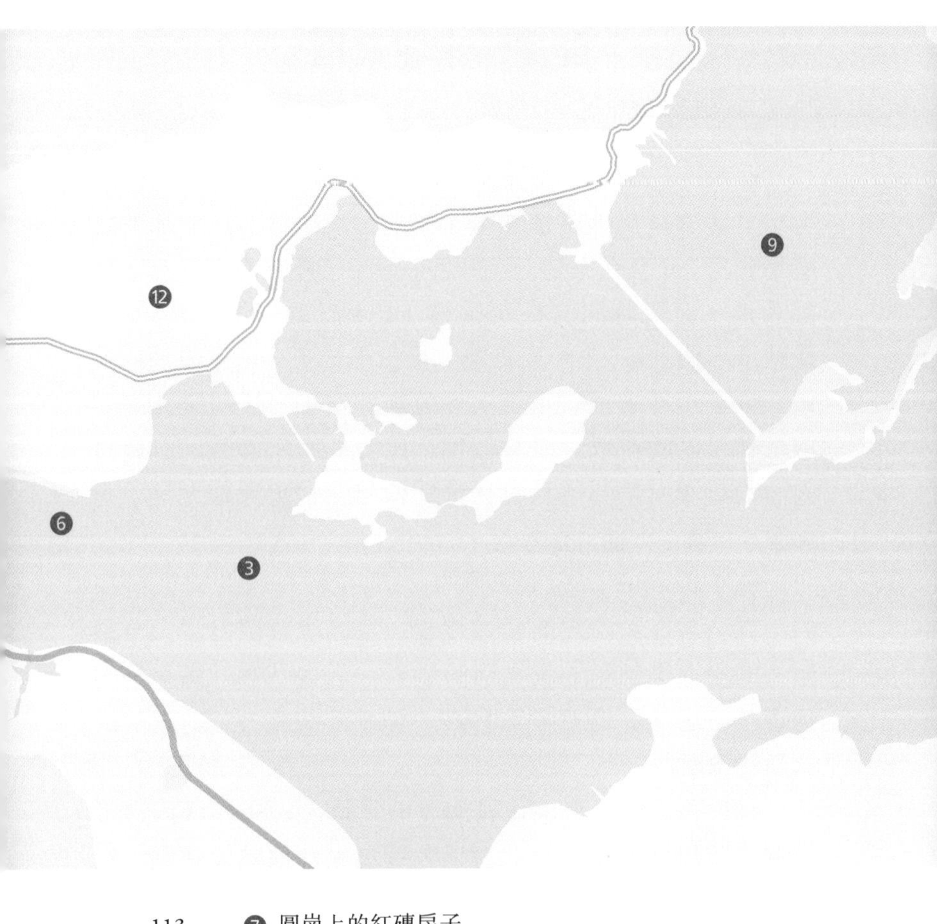
⑨
⑫
⑥
③

自序：家在大埔

平常的情況，要是說家在某地，是指自己住在那兒，可是我寫下「家在大埔」這四個字時，已經有兩年多無法踏足香港。這段時間身在英國梳士巴利，也是在「家」裏，從踏進這個「家」頭一天算起，快二十年了，填寫地址的時候，會毫不考慮把它填上。要說客觀環境，這個家樓高三層，有自己的花園，還有莊園，比香港的家優勝，但發自內心的感受，認為這只是住址。兩年多被迫遠離大埔，更加強了「家在大埔」的感覺。

梳士巴利的「家」是我和丈夫純粹按自己的喜愛挑選的，直至現在，我們的喜愛沒變，始終認為選對了，可是兩人的潛意識都認為家在別的地方——說切實一點，是感到童年時居住的地方才是「家」。似乎年紀愈大，對童年的一切就愈嚮往。

我自有記憶以來就住在大埔。父親在1950年代因為工作關係遷居到這兒，自此就以大埔為家。他熱愛運動，很快加入了七約體育協進會，每天在學校下課後，必定到體育會在廣福道的會址和年輕人聊天，當時那兒等於是青年中心，有桌球、康樂棋、乒乓球等設備，最能吸引十多歲的男孩，其中兩、三人後來跟我們說，體育會和我的父親是他們沒有變成「歪仔」的原因。接下來，父親工餘所做的社會服務範圍愈來愈廣，與大埔的政府部門常有合作，也因為組織康體活動而結交了不少本地鄉紳，因此我們姐弟從小就接觸到一些地方歷史和風俗。

我們的童年時代，大埔還有不少務農的人家，我們的生活環境也因此跟城裏的小孩很不一樣。故居鄰近有養魚塘、西洋菜田和專營雞蛋的小型養雞場，我們除了能享受到絕對「新鮮」的味道，還有些難忘的經驗，例如把剛生下的雞蛋放在手心那又軟又暖的感覺，又例如看著剛從田間採來的西洋菜放進湯鍋。

雖然我們在求學期間曾經遠離大埔，甚至遠離香港，但到了要選擇定居的地方時，都沒有擺脱大埔的磁場，很高興地做第二代的大埔人；到了現在，家裏的第三代也是大埔人。

父親在大埔工作和生活了四十多年，他的兩位知己朋友——韋漢良校長和黃明醫生——分別是沙田和上水的原居民。父親一直視大埔為安身立命的地方，而他的經驗也説明，數十年的付出可以打破所謂原居民和外來人的界限。在大埔墟長大的居民都會記得新寶城酒樓，它在1972年由本地人創辦，原意是十來個熟朋友為自己人建立一個「聚腳」的地方，結果弄出了一家樓高五層、包括夥計們宿舍的大酒樓，曾經被大埔人視為理所當然的「食堂」。我的父親不算富有，也不是原居民，但因為友情的關係，他成了新寶城的董事之一。我想這是讓他很欣慰的事。

另一件難忘的事也在1970年代。父親一位移民十多年的朋友回港探親，他們兩人都曾遷居幾次，因此失了聯絡，沒有地址，也沒有電話號碼——別忘了那時代連傳真機也還沒面世，別的更不用説了。那位朋友無計可施，決定大海撈針，寫了一封信，信封上只有五個字：大埔孔祥河，結果無風無浪地由郵差迅速送到我們家。那天父親真高興！

要是沒有我父親數十年在大埔的耕耘和收穫，就不會有《大埔故事》，因為童年和青少年的經驗是我寫這本書的動力。儘管書中有不少粗陋的地方，我還是敝帚自珍，把它獻給先父「大埔孔祥河」。

400年前的大埔工業村

提起大埔工業邨，大家會想到汀角路旁那片工業用地。那是1970年代中期大埔填海的成果，規劃為工業邨時算是創舉，到現在已運作了四十多年，不少香港名牌和傳媒還是以這裏為家。

其實大埔在幾百年前也有過輝煌的工業，地點是一條始創於16世紀的村子。你只要拿出大埔墟的地圖，憑著名字就能找到這個地方，因為它的工業史就寫在名字裏。

藏在地名中的歷史

歷史不限於教科書，日常生活也會讓我們接觸到地方史；不同語言和文化的人都可以玩這個尋寶遊戲。最簡單的莫過於地名背後的歷史：比如法語地區叫做「sur la mer」的村子，現在離海邊六、七里，但名字告訴你，海岸綫原來曾經在這裏。香港也有同樣豐富的寶藏。比如本地的先民是畬人，我們看到地名有畬字（像沙田的禾畬），可以推想這是先民選擇定居的地方；至於名字有客家詞匯，當然就是客家村子所在了。

除了住民的背景，地名也標識歷史上的工商業情況。比如麥理浩徑上有個鉛礦坳，任何旅遊人士都猜得到，這兒曾經是產鉛的礦場，而叫做「墟」的地方，自然是源於市集了；至於糖廠街和擺花街之類，更不用說了。

這裏要介紹的歷史工業邨名叫「碗窰」。聰明的讀者望名生義，自然知道這曾是燒製陶瓷食器的地方。這個窰的規模有多大，運作了多久，碗窰鄉的歷史又如何反映香港歷史，是個很值得聽的故事。

古工業村的興起

說到瓷器，總會聯想到江西省洪州、七里鎮、吉州等地都有唐、宋名窰，首屈一指的當然是景德鎮，從唐五代創窰，洪洪的窰火一直燒到今天，當地環境也付出了沉重的代價。明清時期，景德鎮所創燒的青花和釉裏紅瓷器是海外聞名的珍品。大埔碗窰可以說是江西窰業的旁枝後裔，它能夠發跡，主要是因為人口流徙和江西技術。

從北宋末年直到清朝康熙初年，整整五個多世紀，中原地區戰亂頻繁，逃難的大潮一浪又一浪湧過長江後，繼續輾轉南移。元末明初，也就是六百多年前，原籍江西的文族和謝族遷徙到今日的新界地區；文姓在大埔的主要落腳點是泰亨村。不知過了多少年，他們族中有人發現，大埔附近山區是個建窰造瓷器的好地點：這兒既有製瓷必須的高嶺土，又有茂密的樹林，提供燒窰的高溫燃料，加上溪流水源充足，正好引流推動水碓，從採礦到入窰裝燒的所需條件，一應俱全，而且地點離吐露港不遠，把產品運送各地市場相當方便，於是文、謝兩族決定合作，在這兒興建窰場。

香港中文大學文物館前館長林業強把這兒出土製品的造型和紋飾與青花瓷歷史對比，估計他們在明朝中葉（約16世紀初）開始生產，這一帶山區就命名為碗窰。在大埔區內，大埔滘和樟樹灘的村子都曾經在清代開設窰場，可見當時他們認為這是值得發展的行業，但村子缺乏碗窰的先天條件，所以規模遠遠不如碗窰。

碗窰共有兩個窰，都是長條形，傳統術語稱為龍窰或蛇窰（台灣日月潭附近還有同樣的窰在運作，那地方就叫做「蛇窰」；香港青山也有同類的窰，稱為龍窰。）現在碗窰鄉轄下的幾條村了，像上碗窰村、下碗窰村、陶子峴村（「陶」字和「窰」字在古代是互通的）、張屋地村和周邊的山，都在當年瓷器窰場的生產範圍內，估計有五萬平方米。碗窰其中一個燒窰經過考古判斷，長度約30米，每次可以燒瓷器三十萬件。打個比方，要是一戶人家平均每年買瓷器十件，碗窰光是一個窰燒一次，就可以供應三萬個家庭的全年需求，由此可見，他們的產品不限於供應本地市場。

在碗窰創業的顯然是高手，他們帶來了江西的前衛技術，能出產高品質的日用器皿，趁著明朝政府撤銷海禁，打開了珠江三角洲的市場，成為當年珠三角唯一大量出口青花瓷的窰場。碗窰利用吐露港連接大鵬灣之便，從水路把產品運往廣東各地，快捷又便宜；在沒有公路的時代，河和海就是高速運輸的捷徑。從少數碗窰出土製品的式樣看來，這裏也有部份產品以東南亞為目標市場。在這兒工作的人一定想，終於找到可以讓後代安居樂業的福土了。

歷史激流

每逢改朝換代，總有一、兩代人要蒙受苦難。香港雖然位於中華的邊陲，但還是逃不過政權更替帶來的劫數。文、謝兩族建窰時，不可能想像一、兩個世紀以後的事端。

1644年清兵入關，中國成了混亂的四戰之地，滿清面對的，一方面是明朝後裔和遺將在各處成立不同的反抗基地（主要在南方，所以號稱南明），另一方面是李自成的盟友和舊部下分枝出來的「農民軍」。儘管大家都説要反清，實際上也不斷互相搶地盤、爭正統；加上鄭成功坐鎮台灣，讓清政府寢食不安。為了防止敵人從海路攻來，滿清朝廷除了實行海禁，還幾次頒佈「遷界」令，禁止人民在沿海地區居住，其中以1661年(順治17年)至1662年(康熙元年)最嚴厲，強迫直隸、山東、江蘇、浙江、福建和廣東(管治地區包括現在的廣西省和海南島)六省沿海居民往內陸遷移，沿海禁區小則30里，大則300里，居民搬遷的期限只有三天，敢違抗者，格殺勿論。為了預防鄉民捨不得離開，偷偷折返，官兵實行放火燒村，因此「遷界」相當於殘酷的焦土政策，災民的慘況難以想像。

香港的遷界範圍是50里，也就是説，香港島、九龍半島和現在的新界幾乎全是禁區。大埔面臨吐露港，是地區性的商貿脈絡，首當其衝，村民無法不撤離窰場。

遷界令在1669年曾經解禁，但後來又兩次復禁，終於到了1683年，台灣成為清朝領土，朝廷才全面下令居民遷回原地。但很多被迫遷的家庭折騰了十多年，好不容易在內地重建生活，對朝廷法例心有餘悸，不願意再次遷徙，碗窰謝族就是個例子。大埔窰場自此由文族主理，後來又有大埔頭鄧氏和上水廖氏加入經營。

遷界令解禁，是日後香港人口組成的分水嶺：原有的居民不回來，讓新移民取代了，清政府當時也積極鼓勵新人口移居香港，因此現在本地不少客家村子的祖先正是那時遷入的。廣東省長樂縣的馬族在1675年來到碗窰一帶，後來向文氏等買了窰場，恢復生產。雖然有些學者認為碗窰後期產品造工比較粗劣，但19世紀的大埔地方史告訴我們，碗窰馬族在籌建太和市(即今日的大埔墟)時起了關鍵作用，不但出錢，而且出地，可見他們相當富裕，而他們的財富來源基本上是瓷窰。

1898年香港拓界之前，當時的港府輔政司 James Stewart Lockhart（駱克）在新界各地（包括深圳）考察，報告書中特別提到有一條村子專門製造瓷器，說的應該就是碗窰。英國租借新界後做過仔細調查，碗窰每年生產的日用瓷器超過四百萬件（《1899–1912新界報告書》），可見在20世紀初年，這兒的窰業生產量仍然可觀。

但隨著時間過去，碗窰的競爭對手愈來愈多，佛山和潮州等地的廉價手作品不說，還有外國機器生產的瓷器，品質穩定，成本又低，碗窰製品的價錢和質素都沒法作長久競爭，市場不斷被侵蝕，終於在1932年停止經營。

獨一無二的廟宇

窰場主要是露天運作的，一旦荒廢了，大自然就發揮強大力量，把礦坑、碾磨、水碓、淘洗池、甚至龍窰都掩埋了。隨著年月，即使沒有改成耕地的地方也雜草叢生，再看不出窰場的輪廓。但以瓷器起家的碗窰一直尊重自己的歷史，儘管不再燒製瓷器，卻仍舊供奉陶瓷匠的守護神，因此這兒有香港獨一無二的「樊仙宮」，早年還有靈童為善信摘日問卜，吸引不少外鄉人到訪。我小時候，每年農曆五月十六樊仙誕，廟前的小廣場都會演神功戲，一直維持到1988年，據說戰前都是木偶戲，但戰後沒有木偶班子，改為演粵劇，找的都是名伶班子，可見他們對神誕很認真。本鄉學校因為演戲而放假一天，鄉民紛紛做糭子祭神。別處只有端午節才吃糭子，碗窰卻有樊仙誕糭子，成了地方特色。

傳說中的樊仙原是三個樊姓兄弟，他們率先用陶土製食器，還挑戰魯班先師的木碗，結果陶碗取勝，成了中華日用食器。陶瓷匠供奉樊仙，就像木匠供奉魯班一樣，是行業傳統。這兒的瓷窰廢棄之後，樊仙就成了碗窰鄉的保護神。

樊仙宮形式簡樸，由夯土所建，正殿有一塊牌匾，刻於乾隆庚戌年（1790年），因此相信廟宇是馬姓族人在這兒立足後建成的。二百多年留下不少歲月的痕跡，廟宇除了受風吹雨打，更嚴重的是遭到火災，但碗窰鄉民總是努力修復，過去百多年就有過六次修繕工程。1964年是第二次世界大戰後首度重修，除了粉刷和漆金外，還在正門加了兩幅壁畫，一幅是王肇枝中學，另一幅是碗窰後山的燕岩，以此標明碗窰鄉十條村子所包含的地理範圍。【見圖1】

樊仙宮裏原來還有福德和關帝，後來村民在山上為祂們另外興建了福德宮，所以碗窰鄉有兩家廟，雖然祭神的儀式簡化了，但香火不斷。

天主教淵源

樊仙宮和福德宮代表中國傳統信仰，它們與客家村子碗窰結緣是很自然的事。但碗窰與外來宗教也有過奇特的淵源，這一點現在知道的人不多了。

踏入19世紀後半葉，香港島已經割讓給英國，中國大陸的平民百姓仇外情緒高漲。另一方面，耶穌會從明朝起已經在澳門經營，到了滿清順治和康熙兩朝，更曾經出過朝廷大員，雖然因為維護中國信眾祭祖的權利，終於遭羅馬教廷解散，但他們在澳門的基業沒有盡毀，華人得以受訓，成為傳教士和神父。1858年，華人神父梁子馨到荃灣播道，剛好一群碗窰村民也在場，包括只有12歲的馬金秀（另一説是馬金水）和他的父母。馬金秀受到啓發，要求受洗，被父母當場痛打，但他毫不畏懼，經過一番爭辯，他終於獲准到香港島領洗，成為大埔第一個天主教徒。

馬金秀受洗後，正好遇上第二次鴉片戰爭，仇外的風潮席捲中國，為保教士安全，傳教工作在1859至1860年間完全停頓。戰爭的結果是中國慘敗，界限街以南的九龍半島也被割讓了，天主教會因風駛舵，把香港教區的運作範圍擴展到整個寶安縣，當然包括後來稱為「新界」的地方，於是梁神父與上司高神父和一名助理在1861年從荃灣走山路到達碗窰，探訪當地唯一的天主教徒馬金秀。

他們此行為香港的天主教歷史寫下新一頁。首先是馬金秀在父母強力反對下堅持要投身宗教事業，終於能到香港島進修，成為傳道員。更重要的是，梁神父一行三人在馬家下榻，認識了碗窰村的鄉紳，獲得他們同意，在村內建成新界東第一座小教堂，據説位於馬氏宗祠旁邊，可見天主教士和馬族達到很和諧的關係。時至今日，教堂已經無跡可尋，但這個碗窰少年的故事卻因為他的信仰而留傳後世。

鄉村學校

新界鄉村和其他華人社會一樣，非常重視教育。英國租借新界前，本地小孩唸的是傳統「卜卜齋」，志願是考功名，樊仙宮和其他鄉村廟宇都曾是男童啓蒙的地方。香港政府管治新界後的二、三十年，英式學校制度逐漸取代「卜卜齋」，可是樊仙宮與本鄉教育的關聯並沒有斷絕。第二次世界大戰後，港英政府鼓勵新界大量建設鄉村小學，學校很多時候會借用鄉裏的廟宇，樊仙宮就是個例子：廟宇的廂房有很多年用作校長和老師的辦公室。

我童年時，提起碗窰，首先想到學校，因為那曾是我父親教書的地方。那時瓷窰停產不過三十年，中年的村民應該還記得造瓷的過程，但大家都不怎麼提起，感覺上似乎很遙遠了，只是每逢有學生從後山撿來青花瓷的碎片，才挑起這話題。【見圖2】

碗窰公立學校成立於1949年，坐落於上碗窰村的小山坡上，我不知道它最原始的模樣，但肯定規模很小，因為起初只設兩班，校務室和教員休息室都曾長時間寄居在樊仙宮內。1960年代這兒建成了新校舍，我跟父親去看過，印象頗深，覺得建築很有特色，主要材料是花崗石（比一般鄉村學校講究），以兩個課室為一組，三組課室互不相連，而新建的教員辦公室則在校園的另一角落，各建築物之間的空地是個半露天禮堂。老師從一個課室換到另一個課室，真是應了一句廣東話：好天曬，落雨淋！可那樣的距離也有好處：暑熱的夏天，教室窗戶全部打開，學生高聲背誦時，也不會吵成一片。

碗窰籌款建新校舍的方式，可以說走在時代尖端：每個課室由一位善長或團體認捐，他們的名字就刻在課室的大門上。這些人和團體都有本地關係，例如「馬世安堂」的捐款者是鄉長兼校監，「哆哆佛學社堂」則是大埔佛教園林「半春園」的主人捐出。這種做法現在慣見了，在當年的大埔可不一樣。

1950、1960年代，大量人才從中國大陸湧進香港，人浮於事，鄉村學校往往也能聘請不少出色的教員。碗窰讓我最難忘的是家長和老師的關係，一方面保留了傳統的尊師重道，另一方面又有點好鄰居的感覺，老師們常常收到新鮮鷄蛋和木瓜等小禮物——自然還有樊仙糭子。當年的新界鄉村交通不便，老師們不可能像現在那樣，中午跑到附近商場吃飯（哪來的商場？），民生問題都得在村裏解決，因此碗窰的老師們都在學校吃中飯，負責做飯的就是村裏一位年輕女士。

大埔本來就缺乏耕地，大部份的土地都是山邊斜坡，鄉民靠農耕謀生很困難，港府早在1911年的人口普查就發現，大埔區內有四成青少年（15至25歲）為了幫補家計而要離鄉別井。第二次世界大戰後，農村謀生日見困難，碗窰村民對此的體會比別的鄉村更早：他們本來以瓷業為中心，沒多少耕地，瓷窰停產後，很多人幾乎斷了生計，年輕的男性村民藉著英帝國公民的身份，紛紛到海外謀生。根據香港政府統計，光是1950至1951年，以大埔為管治中心的新界東就有1,200名男性村民到太平洋島嶼謀生，到了1950年代末，他們開始到英國開餐館。男性村民在海外工作，把妻兒長期留在鄉間，男孩們成長時期的榜樣往往就是男性老師，做母親的常常請求老師要對孩子嚴格一點，這可不是今日的香港人能輕易想像的。

我的父親從事教育工作四十多年，其間還籌建了兩家學校的校舍，但說到難忘的師生關係，還得追溯規模最小、時代最遠的碗窰公立學校。半個多世紀過去了，我還記得他在碗窰一位得意弟子的名字：何永賢。這位何學長的爸爸遠赴南美謀生，他跟媽媽留在村裏，通過聽BBC廣播，學得一口流利英語，到他中學畢業後，他爸爸讓他到南美幫忙，他和我父親一直保持通信。多年後，他回香港舉行婚禮，除了邀我的父母出席外，離港前還帶著新娘子麗娟來和我們一家出外郊遊，可見他與我父親的交情。隨著時日改變，學校規模愈來愈大，官樣文章愈來愈多，這樣的師生情誼很難再出現了。

香港政府對於本地人口既無法控制，又經常錯誤估量，導致1990年代學生人數下降，政府不願推行小班教學，實行殺校，大埔區失掉了16家鄉村小學，碗窰公立學校也不能幸免。讓人稍為安慰的是，1960年代捐款興建新校舍的人沒有白費心力，因為他們出資興建的課室成了展示碗窰歷史的地方 。

隱世博物館

碗窰在1983年列為古跡，十多年後才展開考古工作，隊伍中有我從前在中文大學中國文化研究所的同事，我一位大學同學也回港加入考古隊伍。他們最大的成果，是發現了從開礦到製成品每個工序的遺跡，包括張屋地村的打泥洞（高嶺土礦洞）和十幾個水碓作坊，上碗窰的淘洗池、牛踉轆轤、製坯場等等，當然還有兩個長條型的燒窰。這樣完整的製瓷古跡不單是香港僅存，在南中國也非常罕見。

古物古蹟辦事處在這兒成立了展覽廳，展出部份出土瓷器，還有製瓷過程的詳盡説明。展廳就設於碗窰學校當年兩個課室，右邊的寫著「陳王成儀堂」，左邊是「哆哆佛學社堂」。我小時候曾經和父親坐在這兩個課室前拍照；幾十年後，這兒是我每年冬季都探訪的地方，不光是懷舊，而是因為這小博物館和附近的環境很合我的口味。【見圖3、4】

博物館職員知道我跟碗窰學校的淵源，告訴我來參觀的人以碗窰畢業生最多，偶然就有同屆的舊生相約回去看看。我聽了，既為學校高興，又為小博物館受一般人冷落而感到不平。從火車站走到展覽廳，實在很簡單，也很適意，只要通過行人隧道，一直走在大埔河的右岸，六、七分鐘就看到古跡指示牌了。這兒的規模不大，但別具特色，還有戶外展區，住在這兒的村民就是當年製瓷工的後代，這樣的歷史感豈是一般博物館能比得上？難怪有村民認為政府在這兒設了展覽廳，不作宣傳，又把學校其他建築物全都上了鎖，實在莫名其妙。【見圖5】

落花時節又逢君

2019年2月一個下午，我站在碗窰公立學校往日的教員休息室旁，看著大埔河對岸的青綠山巒，覺得很感慨：幾十年來，碗窰一直保留著鄉村風格，現在眼前出現了六座建高樓用的巨型吊臂，往後站在這兒，只能看到住滿近2,000戶人家的萬里長城式建築。光是想像那2,000戶的燈光污染，就夠讓人喪氣了。

這時博物館職員跑過來跟我說：「馬世安的媳婦就在廣場那邊。」接著領我過去打招呼。

八十開外的馬太太說：「我都唔認得你囉！」

我用手比畫著自己腰間的高度，笑著說：「我跟爸爸來給馬伯伯拜年的時侯，還是小孩，只有這麼高。幾十年了，我也認不出您了。」

「我剛剛嫁到這裏，好辛苦呀。我咁細粒，要用碳爐煮飯，係燒柴呀，又要擔水，煮乜都要煮一大鍋，好重呀……」【見圖6】

我腦海中浮起一幅六、七歲時見過的畫面：老村屋的房頂很低，客堂放著祖先神位，過年的香燭在暗淡的光綫

下特別顯眼。一位個子很小的年輕女士打開門帘，捧著托盤進來，先拿到馬伯伯跟前讓他過目，然後才奉客。【見圖7】

「碗窰學校的老師都在學校吃中飯，校工盧叔到河裏打水——你記得盧叔吧？——阿妙負責煮飯——你記得阿妙嗎？——她就在這外面的廣場燒柴爐。教職員喝的茶水和做飯用的水都是從山腳河裏挑上來的，1960年代後期才有自來水入屋呀。」

幾十年的記憶是塵封的照相簿，而馬太太的話就像魔法，不但喚醒了我童年常聽到的名字，還給他們添上前所未有的色彩——從此我記憶裏的盧叔除了拿著茶壺，還會拿著水桶站在河邊，而永遠年輕的阿妙則蹲在廣場一角，不時往爐子裏添柴。

「大家洗衫都喺河邊，舊時啲河水好清好清……」

水清、山青、處處有人情——感謝這樣的歷史，讓兩個年齡境遇截然不同的人在偶爾相逢時，跨越半個多世紀，尋回遺失了的時光。

同時我也知道，明年我再站在這兒，眼前將是割斷群山的2,000戶樓房。馬老太太讓我想起了杜甫的名句：正是江南好風景，落花時節又逢君。

圖1｜右邊的建築物是樊仙宮，左邊是碗窰公立學校的教員室，廟前的廣場是當年建戲棚演神功戲的地方。

圖2｜碗窰出產的日用青花瓷。這兒出土的展品有些是燒壞了的次貨。這幾個碗告訴我們，龍窰當年採用節省空間的疊燒法。

圖3｜1960年代作者與父親攝於碗窰學校新建的花崗石課室前。

圖4｜見於圖3的花崗石課室，在21世紀成為碗窰出土文物和歷史的展覽廳。

圖5｜通往碗窰的古跡指示牌。

圖6 ｜ © Hugh Baker
客家廚房經常用大鍋做飯菜。

圖7 ｜ © Hugh Baker
1960年代，客家婦女日常都穿傳統服裝。

歷史時空

本地(Punti)、客家(Hakka)及其他

雖然我從小住在大埔墟，父親又跟本地鄉紳頗有往來，見面時都是「叔叔、伯伯」地稱呼，可是我對各鄉村居民的背景一點也不了解，主因大概是他們跟外人相處時，都講流利的廣東話。我有些小學同學也來自附近鄉村，我知道他們的母語是客家話，可是總沒聽他們在學校用，因此讓我起了兩個誤解：第一，是以為所有鄉村居民都是客家人；第二，是以為所有在鄉村長大的人都屬於港英政府承認的原居民。

後來和本地理民府的聯絡官接觸多了一點，常聽到他們向上司解說原居民中誰是「Punti」(本地)，誰是「Hakka」(客家)，才明白原來新界鄉村不都是客家人，得看他們遷徙到新界之前原籍是講什麼話；港英政府把講廣東話的鄉村稱為「Punti」(本地)，以別於客家村子。這算是打破了我第一個誤解。

但知道有些鄉村居民的母語是廣東話，卻加深了我第二個誤解，以為凡是在鄉村長大而講廣東話的，都是所謂Punti村民。終於為我破解謎團的，是一位在上水鄉村長大，卻不算是原居民的朋友，她以自己的家族歷史為例說明了一段香港歷史：從1930年開始，廣東省很多家庭為了追尋比較和平的生活，遷移到香港。他們沒有錢，沒有能力租住現成的房子，於是在新界鄉村附近找一小塊非私有地，先取得村民諒解，然後簡單地用木板搭房子居住——在政府看來，這當然是違章建築，但那時的環境很難嚴厲

執法。環顧20世紀的新界，難民和新移民一波接一波來港定居，這樣的房子真是多如牛毛。當地一般村民對新來者的反應是同情，村裏大户人家過年過節派糧食糖果，都會把這些新來者的孩子算上一份，因此表面看來，他們更像是同村人。

可是所謂原居民，並不看你或你的父母在什麼地方出生、長大，而是看你的祖宗在哪裏。我的朋友用一個簡單的説法喚醒了我：「要睇祖宗祠堂喺邊呀。好似我咁，祖宗祠堂喺大陸，點可以算原居民呢？」

反過來説，不少新界鄉民在幾十年前移居外國了，但他們在海外出生的子孫只要把名字記在族譜上，就算是新界原居民。

大埔墟第一街

這篇文章寫大埔墟第一街，可是這條街形成的時候，並非在「大埔墟」，不但如此，「大埔墟」還視它為要不得的競爭對手，再三制止它的誕生。

我在說糊塗話嗎？把事情弄糊塗的，其實是20世紀大埔地名的改變。

孔子說：「必也正名乎。」可是在這個情況，說不上什麼正的歪的。隨著時間轉移，同一個名字從此地跳到彼地，要是有興趣涉獵吊詭的歷史，只有順應時間老人的幽默感，追尋這名字背後的蛛絲馬跡。

19世紀的「大埔墟」

百多年前，我們今天稱為大埔墟的那片土地還是稻田、西洋菜地、魚塘、沼澤和海灣，「大埔墟」這個名字屬於現在叫做舊墟的地方，又叫做「大埔頭墟」。那不但是大埔區內唯一的墟市，也是香港三大市集之一，來趁墟和擺賣的除了本地村民，還有很多林村、粉嶺、塔門、烏溪沙、西貢和沙田的人。說到它確切的地點，應該是現在的大埔天后廟附近，舊墟直街一帶。

這個「大埔墟」由大埔頭村鄧氏管理，在1672年（康熙十一年）得到縣府正式批准經營。鄧氏家族在新界歷史悠久：南宋時代，兵戰連年，外族入侵，百姓為了避難而南遷，鄧氏就從中國大陸移居本地；大埔頭鄧族是他們的分支，約在明朝建村。大埔地區山多而平地少，這條村子位於林村河出口的平原，佔了農耕的優勢，同時又面對吐露港，便利水路交通，為經營墟市提供了上好條件——當年新界的陸路都是古道，經海路運送貨物反而更簡易和快捷。【見圖8】

經濟效益不是什麼現代觀念，古人早就懂得：控制一個大市集，對村子的地位和收入是強心針。這道理不但大埔頭村有體會，別的鄉村也很清楚，時間久了，不免想到與其長遠受別人控制，還不如伸出手來，分一杯羹。

19世紀時，大埔地區的村子有比大埔頭人多勢眾的，泰亨村文氏是表表者。他們在清朝嘉慶年間（1796–1820）就嘗試建舖招商，被當時壟斷大埔墟市生意的鄧氏告上新安縣衙門，結果被判只許建屋，不許營商。

為了抗衡大埔頭的傳統強勢，泰亨聯繫附近的鄉村結盟。當時很多村子因為血緣或地緣的關係，早有互助的盟約，統稱為「鄉」或「約」。當泰亨村振臂一呼，就聯合了其他六個地區團體（粉嶺、翕和、林村、集和、汀角和樟樹灘），差不多70條村子，成立聯盟「七約」。他們的共同目標就是要建立自己的墟市，讓肥水不再流入大埔頭。

在泰亨文氏領導下，七約為了成立新墟展開持久戰。當時新界還是中國領土，墟市運作受新安縣管制，七約的申請馬上引起大埔頭村抗議。大埔頭說他們經營大埔墟得來的收入，是維持鄧氏孝子祠的經費來源，官方不能斷了孝子的祭祀。在「百行孝為先」的傳統中國，這是頂大帽子，加上大埔頭的同宗龍躍頭和屏山鄧族都有功名，所謂朝廷有人好做官，而官場有人則方便吵架，鄧氏有官場人脈，結果讓七約敗下陣來。

可是失敗不等同放棄。七約不但有持續抗爭的勇氣，而且有本錢，每約拿出十兩銀子做經費，到了1892年，終於請得司巡檢衙署派人到現場巡視，批准他們在觀音河（現在的林村河）對岸成立新市集，但有限制條款：他們不能斷了原來大埔頭墟市的生意，而且級別也要低一點。

太和市的基石：文武廟、風水井和廣福橋

七約的新市集取名「太和市」，位置就是現在大埔墟的富善街，所需的土地有一半來自翕和約碗窰鄉的捐贈，另一半來自泰亨文族。用今天的理解，大家一定認為「市」的等級比「墟」高，可是清朝末年的用語卻不一樣，《康熙東莞縣志》清楚地記載：大曰墟，小曰市——這又是歷史的幽默。

聰明的七約可不在乎名堂，反正誰的生意量做得大，誰就成為主導。為了確保太和市能暢順運作，他們首先建了兩個地標：文武廟和食水井（現在是大埔的古跡，大家可以去參觀）。當年鄉村都在祠堂議事，但結盟的村子各有自己的祠堂，所以有事商討就到共用的廟宇；富善街的文武廟正是七約的辦事處。至於水井，在沒有自來水的年代，是小社區的命脈；一口新水井正好代表社區的誕生。【見圖8–圖11】

太和市的選址是低窪地，潮漲時海水只是比街頭路面略低一點。還好它在面對吐露港和林村河的兩個方向都有濕地作為天然屏障：一邊是稻田，另一邊是沼澤地區，都能起防汎的作用。七約的雄心不限於每個月只開十天八天的市集。要想天天有生意，就得有商店街，所以他們很早就動手築路——那就是今天富善街的雛形，兩旁都是小店舖。【見圖12】

可是要市集客似雲來，最重要的還是交通，這一點，太和市就比原來的「大埔墟」吃虧了，因為它跟吐露港隔了一條觀音河，商販帶著貨物上岸後，還得坐街渡過河。這就等於我們現在說：地鐵不能直達，要坐接駁車，可以想像客人嫌麻煩吧？

為了增加太和市的吸引力，七約決定集資興建一條橫跨觀音河的橋梁，取代橫水渡。我們從〈建造廣福橋芳名開列〉的碑文可以看到689名捐款者，排在首位的正是倡議開市和建橋的泰亨村文湛泉。但更有意思的是以「團體」為名的捐款，其中除了七約的村子和祠堂外，還有商船、貨船、渡船、飯館、當舖、各式批發商和零售店，其中包括西貢、深圳和陸豐的商號，可見太和開市不過四年，生意網絡已經很龐大。但也不是每個捐款的團體都和生意有關：大埔天主堂也在名單上，捐款二元。

廣福橋在1896年建成，光看名字就知道，七約要標榜的是「利民」，至於這條橋對他們最實際的貢獻——搶大埔頭村的墟市生意——則完全不提，可見當年的太和市內已經有公關高手了。

從搶生意到吞名字

廣福橋的效力有多大，可以從英國租借新界後所做的統計看得清楚。港府1899年接管新界時，太和市已經有70多家店舖，富善街生意興隆，商舖範圍往現在的仁興街擴展。對岸原有的大埔墟雖然一直繼續營業，但兩虎相爭，難免此消彼長，在1905年港府遞交到倫敦的《新界報告》可以看出端倪：大埔頭村管轄的大埔墟有兩條街道，大小商店38家。由此證明，太和市已經遠遠超前了。【見圖13】

在英國統治下的99年，大埔三番四次以「填」字訣供應土地，在富善街東面和北面原有的稻田、魚塘、西洋菜地、沼澤和海灣一一被消滅掉，換來的是「太和市」快高長大。1902年大埔公路建成，在大埔墟那一段就因為廣福橋而命名為廣福道，成了新的商住區。1910年九廣鐵路通車，開始消磨掉水路交通的優勢，大埔區對外的網絡決定性地從大埔頭移向太和市。接下來，與富善街近在咫尺的火車站落成了，命名為「大埔墟站」，於是大埔頭村不但墟市失去了領頭的地位，連名字也失去了，變成我們口中的「舊墟」。

新的大埔墟依然是新界東最大的商區。我有一位朋友是沙田原居民，提起小時候過年，她說最高興就是跟爺爺到大埔買新衣、新鞋和應節用品。她說：「那時大埔墟比沙田大多了，氣氛熱鬧，店舖多，貨品的式樣又新，直到1970年代末還是那樣。」她回憶中的大埔墟，就是林村河右岸，植根於「太和市」的地方，當年的長江國貨是沿鐵路綫規模最大的百貨公司。

一個世紀過去了，已經沒有誰再去想「大埔墟」的發源地原是「太和市」，它的心臟地帶就是它第一條商街——富善街；只有文武廟進口拱門上寫著的「永佑太和」，默默見證這段歷史。但到了1989年，昔日大埔頭村農地範圍建成了新社區，卻取名為「太和」，可見當年的香港政府沒有忘記地方史。今日的太和邨、太和路和太和火車站都位於林村河的左岸——我們該慶幸林村河左右兩岸的地名幽默地倒過來了，歷史名字因此得以流傳。【見圖14、15】

至於太和市成立時的第一街——富善街，還有當年成功為太和市搶生意的廣福橋，名字也同樣在大埔新長出來的填海區發揚光大：林村河兩岸臨海的地方有兩批公共房屋，分別名為富善邨和廣福邨。

記憶像棉綫般長

研究新界歷史的蔡思行曾經説，大埔是「有實無名的新市鎮」，意思是大埔早年不列入香港政府的新市鎮名單，但它的發展規模和方式與沙田等地沒有兩樣：大規模填海，然後在新土地上建住宅高樓和大商場，是港府「新市鎮」的一貫策略。今天的大埔，雖然有八成土地是「填」來的，可是「填」的過程橫跨了兩、三代人的經歷，每次改變都刻畫在當地人的生活中：這就説明大埔為什麼跟別的新市鎮不一樣。

1983年9月的《大埔月報》以頭版報道當時最新填海區的消息，斗膽地預言：「五年後市中心移向填海區」。當時的實際況情是：填海區有龐大的新人口湧入和新商場建成，而港府又完全沒考慮加強大埔原有地區的交通設施，難怪有人認為起源於富善街的大埔墟會步「舊墟」的後塵，人氣流失，被新中心取代。

這預言喊出來三十多年了，《大埔月報》也早消失了，但大埔墟的人氣卻不肯溜走，熱鬧得連本地區議員在晚上八時想找個要挨罰款的地方停車，去吃碗雲吞麵也沒法子。非法停車搞得交通癱瘓，人們公然在交通燈前扔下兩大排汽車，巴士司機拐不了彎，可以打電話報警；同樣的情況，的士司機報警，警察回應是人手不夠。港府當年滿以為市中心會隨政府的意願遷移，結果是讓居民吃苦。

規劃師沒想到的是，歷史深厚的地方除了有搏動的心臟，還有不滅的精神。地方精神所在，就是它的心脈所依，假如你願意靜聽當地人的談話，會得到不少綫索：

鄰居在屋苑的穿梭車上閒聊：「買豬肉一定要找富善街X仔，本地豬，味道完全不一樣！」

行人專區的水果攤前有人傳授購物心得：「醬料當然是鴻珍最好，舊時富善街老舖，幾十年歷史呀！」

在鄉事會街過馬路，聽到迎面行人的片言隻語：「……唔同㗎，佢都唔係圍村仔……」兩位打扮時髦的女士跟我擦身而過，她們該是「七約」的後人——新界的圍村是客家村子。【見圖16】

我和妹妹也不是「圍村女」，但對富善街一直有特殊的感情，愛稱它為「古董街」。有十多年時間，那兒還能買到早已失傳的東西：葵扇、鵝毛扇、客家和蜑家帽子、古樸的公雞碗、竹子編成的農村用具——因為叫不出名堂，所以特別吸引……

可是我對富善街「古董」的回憶，比這些遠多了。我兒時的富善街，左邊頭一家店是青磚黑瓦的老房子，店面很小，只放了一張比雙人床大一點的工作枱，上面吊著個籐做的架子，老闆是唯一的店員。他把一堆不起眼的棉絮放在工作枱上，拉著籐架子在棉絮上彈呀彈，棉絮就變得愈來愈鬆，愈來愈大，然後他左拉拉，右推推，形成個大方塊，拉著棉綫在上面來回地繞，幾個鐘頭功夫，做成一張又輕又暖的棉被。

我站著看得入迷，家裏的大人認為我是傻子，總要拉我走。他們不明白，在我眼裏那不是手藝，是魔法。

記憶就像棉胎店老闆手裏沒有盡頭的棉綫，繞呀繞地維繫著地方的文化和精神。

圖8 ｜ © Hugh Baker
1960年代的大埔頭村。

圖9｜大埔七約當年所開的水井，可說是今日的大埔墟第一井。

圖 10｜水井的碑記。

圖 11｜文武廟。

圖 12 ｜ © Hugh Baker
到了1960年代，富善街盡頭的地方還是個露天的菜市場，區內村民賣自己種的蔬菜。

圖 13 ｜ © Hugh Baker
當年街市有公秤（圖左）；正中的女士是攤主，右邊的是顧客。公秤有兩個所指，第一是秤本身，第二是公秤手。早年菜農挑著青菜和草菇等走路到大埔墟賣，他們自己沒有秤，靠的是公秤手。這是很小的買賣，不會用巨大的公秤，而是由公秤手拿著小秤來處理。公秤在每宗買賣都有收入，這就是開街市能賺錢的其中一個原因。

圖 14 ｜文武廟的拱門。

圖 15 ｜大埔足球場和附近樓宇位於今日的「太和」，原來都曾是大埔頭的農地。

圖16｜客家和蜑家居民即使住在高樓上，也不忘自製乾菜的傳統。沿著林村河和大埔河的河堤，常有居民曬果皮、蘿蔔乾、生薑、菜乾甚至鹹魚。如此傳統風致，別的「新市鎮」罕見。

歷史時空

網上尋他千百度

圖17｜© Bruce Deadman，Andrew Suddaby 提供
1958年的富善街。

這兩張照片攝於同一位置，時間相距60年。

圖18｜一個甲子後（2018年）的富善街。

遠在1958年，幾個在英國皇家空軍服兵役的青年人帶著新買來的照相機，工餘坐火車遊覽新界，拍了很多照片，包括這張大埔富善街街景。左面第一家老房子，門前掛著「廣花棉胎」的招牌，正是我小時愛看「魔法」的地方——這幾個遠道而來的青年，認識這家店比我還早。感謝這張在網上偶遇的照片，讓我想起老店的名字。

「廣花棉胎」在19世紀末已經開業，傳到了第二代，就是那位我愛看的棉胎魔法師。至於今天的富善街，棉胎店早已不見了，老房子的模樣也無法看清，這兒成了水果店，據説我的妹夫是常客。

那幾位愛拍照的年輕人屬於英國皇家空軍367信號部隊，1958年在香港服兵役，住在港島小西灣的英國兵營。碰巧我的丈夫卜立德和他空軍中文班的同僚當時正好也在香港服兵役，住在同一個地方。有趣的是，他們堅守官方保密原則，河水不犯井水，從來無緣遇上。而我呢，卻能在60年後在Gwulu網站通過Andrew Suddaby上載的照片，接觸到這小小一段歷史。

吐露港

我一生前後差不多有二十年不是居住在大埔，但除了在香港大學和英國唸書的時期，可以說一直都靠近吐露港而居。

童年時的家在吐露港海岸邊，每天晚上可以看到漁民亮起大光燈，敲打漁船來吸引獵物。開始工作時選擇住在沙田，眼前的城門河其實就是吐露港填海剩下的水域，「河水」是鹹的。往後住在中大教職員宿舍，彷彿回到童年光景，不過距離遠了點，漁船變得罕有了。到了現在，吐露港像幅山水畫，漁船和大光燈早成了歷明日黃花 ，只是每年冬天在濃霧的晚上或清晨聽到巡邏船上傳來鳴號聲，提醒我們往昔的歷史：吐露港是個交通樞紐。【見圖 19】

名從何來？

「吐露」，讓你想起晨光曦微時，霧氣在海面升起的美景，又是疊韻，是哪位高手起的好名字？沒有人提及。關於大埔的命名，倒流行一個以訛傳訛的解釋，說這兒以前猛獸多，因此途人「大步走過」，「大步」諧音演變為「大埔」。按清朝康熙年間的《新安縣誌》記載，縣內的墟市除了大步頭墟之外，還有下步墟，可見這個「步」字跟腳步沒有關係。

其實只要明白吐露港曾經是個交通樞紐，大埔的名字來源就很清楚了。遠在唐朝就已經有以「步」為名稱的地方：柳宗元的〈永州鐵爐步志〉就有解釋，說「凡舟可縻而上下者曰『步』」，就是說「步」是停船上下客貨的地方。老一代的廣東話，說抵達一個地方叫做「到埠（音步）」，我還記得外婆愛說「到埠就打個電話返嚟啦。」古代遠行依賴水路，「埠」是碼頭，又叫做「埠頭」，大埠就是這個水域的大碼頭。當年大埔的地理環境讓它成為交通樞紐，隨後更帶來墟市生意的商機，環顧整個吐露港，大埔最有商業地位，自然當得起大埠的名堂。「埠」和「埗」在古代是相通的字。

相對來說，吐露港的名字很有一點謎團的味道，跟周邊的地名判若雲泥。且不說俗得有趣的馬料（尿）水和馬屎洲，即使黃魚灘、三門仔和汀角也都是按著地理和生態環境起的名字，一聽就知道曾經與本地居民的日常生活息息相關。「吐露」這個名字太詩意了，讓我生出許多幻想。因為知道在清朝管轄這片水域的是大鵬灣守將，我給自己編了這麼個故事：不知哪一個年頭，清朝的大鵬灣守將是個文雅之士（這樣的人才在科舉年代並不罕見，很多武將都飽讀詩書），坐著戰船巡邏轄下的水域，看著晨霧從海面升起，詩興大發，就為大埔海取了「吐露」這個美名。

可惜歷史不是說故事。為了真相，只好放棄美好的幻想；我唯一猜對的是戰船。饒玖才在《香港的地名與地方歷史——新界》一書中，說到英國海軍曾經在1830年代闖入中國水域，進行地理探測，當時負責這項任務的是「HMS Plover」，他音譯為「寶華號」。

從17世紀開始，英國海軍總共有過11艘名為「HMS Plover」的戰船，1830年代來港這艘是第三代，屬於雙桅船系列，1820年在Portsmouth（樸茨茅夫）海軍船塢建造，

1821年下水，這期的戰船很多艘都以雀鳥命名，Plover（鴴鳥）是其中之一。它最有名的兄弟船是「HMS Beagle」（獵狗號），也就是把達爾文載往 Galapagos 群島的那艘船，他在那兒收集的標本造就了《天演論》。

據饒玖才說，這艘「鴴鳥號」來到大埔海，船長把這片水域命名為「Tolo Harbour」。這個說法可信，因為有旁證：大埔船灣淡水湖的英文名字是「Plover Cove Reservoir」，名字來自當年海岸綫上一個中文叫做船灣的小港灣「Plover Cove」；明顯地，HMS Plover 的船長把自己的船名用作小灣名，作為探測之旅的印記。因此，説同一個人在同一旅程把大埔海命名為「Tolo Harbour」，很合情理。

問題是，「Plover」的名字有來歷，那「Tolo」又從何而來呢？想知道的話，得查看英國海軍的歷史。從17世紀起，英國海軍以地中海艦隊為主力，東地中海艦隊的巡邏範圍直達巴勒斯坦，主要目標是保衛往東方的航道。但在1820年代，這艦隊卻意外地捲入了一場海戰，原因是有名的希臘獨立戰爭。（記得英國詩人 Byron 拜倫支持希臘獨立的豪情嗎？）這場獨立戰打了超過十年，到了1827年10月，支持希臘行政自主的英、法、俄三國聯盟在希臘水域的 Navarino 港灣陳兵，和奧圖曼帝國的艦隊對陣，據説原來誰也沒打算開戰，只是有一艘戰船無意中開了炮，雙方才打了起來，史稱「Navarino 之役」，頗有名堂，因為是以帆為動力的戰船作最後一場大戰。當時聯盟戰船只有30艘，奧圖曼帝國則有上百艘戰船，可是設計和武器都屬於老式，結果大敗。但聯盟也有點灰頭灰臉，因為傳出消息，法國戰船竟然趁亂向俄國戰船開火，以報拿破侖往日在俄國慘敗之仇。

希臘獨立戰爭始於1821年，正是HMS Plover新船下水的年份，一眾新式戰船自然都曾經參與東地中海艦隊的活動，那一代的海軍將領對Navarino港灣相當熟悉。這個海域包含了很多小灣，其中之一稱為「Tolò」或「Tolon」，是個歷史悠久的漁港，荷馬的史詩就曾經提及它。這是個良好的避風港，希臘獨立戰爭之後，不少Crete（克里特島）居民逃難到這兒，捕魚為生。

像HMS Plover那樣的雙桅船，後來經常被委派運送郵包，又或是做地理探測的工作。英國顯然在鴉片戰爭之前已經對香港有興趣，因此1830年派Plover號到香港海域各處探測，而Plover的艦長看見大埔海一帶的風景，回憶起希臘Navarino海域的Tolò灣，就把這個港灣叫做Tolo Harbour。

到了19世紀末，英國租借新界之後，Tolo Harbour成了正式的名字；至於中文的「吐露」，應該歸功於當時政府一位翻譯好手。

珍珠的故鄉

我童年時住在吐露港邊上，傍晚站在窗前，常看到月出馬鞍山，光影投射在海面上，自己口裏就會莫名其妙地背誦：「明月出天山，蒼茫雲海間……」。說莫名其妙，是因為在那年紀還體會不到「由來征戰地，不見有人還」的蒼涼。現在此情成追憶，反而覺得該想到李商隱的「滄海月明珠有淚」，不是因為它夠隱晦，而是它更切合吐露港的歷史——這兒古代以珍珠著名。

大家聽過合浦是珍珠的故鄉，卻原來吐露港也曾是個出產珍珠的重地。珍珠是朝廷貢品，據說自唐朝起就由官方組織在吐露港採珠，全盛時期是五代十國。公元十世紀，南漢王劉鋹以廣州為首都，把大步改名為媚川都，從廣東海門鎮徵召了3,000個懂得採珠的本地人，派駐吐露港負責採珍珠。這可不是優差：每年遇上風高浪惡，不少採珠人都會遇溺而死。

宋朝一統之後，放棄了在吐露港採珠；可是到了元朝，不但故態復萌，而且比南漢時更厲害：政府把七百戶水上人編置為珠人，由專責的監督官監視著，終年不斷地下海採珠，採不到的還得受處分。如此苛政，不但珠人家族想逃走，連珠蚌也受不了，結果到了明朝初年就面臨絕種了。我上面說到李商隱的「滄海月明珠有淚」，是個環保和社會意識版本。

明代朝廷看著大花人力卻無珠可採，終於放棄這個運作了幾百年的珍珠港，給殘餘的珠蚌留下一條生路。英國租借新界以前，香港輔政司 Lockhart（駱克）曾做實地考察，他的報告書陳述新界各地的主要資源和行業，其中提到吐露港漁民有時會捕獲帶珍珠的蚌，可見珠蚌一直沒有滅絕。

20世紀下半葉，吐露港漁民偶然還會在網來的蚌裏找到一些滄海遺珠。當時日本養珠正在開發世界市場，日本商人聽到這種消息，當然想到吐露港的潛力，1950至1960年代曾經在這兒投資開設珍珠養殖場，除了向漁民買來本地的珠蚌外，還從日本進口珍珠螺。養珠要投放的人力很多，不但要有技工以人手技術把種珠殖入珠蚌裏面，養殖期間還要一天幾次探測海水溫度，因為珠蚌怕熱，得適時調整蚌排在水裏的深度。要養珠成熟到可以開採，需要大概兩年，其間如果遇上大風暴或者紅潮，就損失重大了。

到了1960年代，吐露港的養珠場一再受到打擊，超級颱風一個接一個，先是1962年的溫黛，隨後是1964年的露比，每次都把養珠場徹底破壞。這還不夠，香港政府在1960年代初興建船灣淡水湖，等於是在吐露港海中做大工程，翻起海床的各種重金屬和微生物，引致水質嚴重污染，不再適合珠蚌生活了。21世紀初，本地的有心人希望在這兒重建養珠場，歷史又再重演，遇上大工程——這次是鋪海底管道，從深圳輸送天然氣南來，結果海上的養殖業再次大受損傷。

走私和偷渡

港英政府租借新界以前，吐露港的治安有不少問題，基本上是受廣東省南部匪幫橫行影響。在邊陲地區，海盜和山賊猖獗不是新鮮事，官府每每沒奈何。就像清朝初期，1647年，大鵬灣的南投縣丞城樓被賊人圍攻，結果失守。那可不是開玩笑的事：在海軍駐軍地區的地方政府核心大樓被賊人佔據了，而且九年也搶不回來，《新安縣誌》有清楚記載，由此可以想見整個大鵬灣地區的治安真的糟糕得很。

港英政府拓界以後，吐露港依然流行走私，很多鄉村甚至建造小酒廠來釀私酒，冒充中國品牌運到香港島售賣，收入豐厚。除了酒，私鹽和鴉片也是主要走私貨品。香港政府終於在1909年成立緝私隊，走私客才沒有那麼猖狂。日本侵華之後，香港成了供應大後方的樞紐，特別是汽油和各種零件，都是以走私方式進入大陸，日本不斷要求英國大力禁止，英國雖然力圖避免和日本開戰，但港府堅持睜一眼閉一眼。

到了1942年底，日本佔領了香港，能夠制止走私嗎？其實日治時期的吐露港情況極為混亂，既有不同的賊幫橫行，也有平民百姓為了生計而做「水客」，被不同的賊幫「抽水」；加上本地人協助中國文化人和英國義勇軍人員偷渡離境，這片海域真的很繁忙。據説當時情況那麼亂七八糟，連賊幫也看不過眼，其中一些受了義氣鼓動，決定要在吐露港維持一定程度的安全。（從集中營逃出來的英軍也見證了匪幫的義氣：他們拿著一張簡陋的地圖，日間躲藏，黑夜上路，希望走到廣東未淪陷的地區，中途遇上劫匪，要把他們僅有的物資搶去。但劫匪弄明白他們是英軍之後，不但物歸原主，而且一直護送他們到達惠州。）

1940年代的戰亂時期，有點「三不管」味道的吐露港曾經造就了不尋常的貿易：塔門這個小島繁榮了好幾年，除了商店林立之外，多的是賭場，所有日用品和食糧都從大埔墟進口，運輸的小帆船就停在元洲仔邊上。

歷史記載，那是吐露港走私和偷渡活動最厲害的年代，而走私重地是今天的大美督：水客在大埔墟買來火水、火柴和香煙等走私到大陸的貨品，徒步兩小時到大美督，從那兒坐船到大滘村（現在淹沒在淡水湖下），再走30分鐘的路到紅石門，然後坐船到遊擊隊控制下的小梅沙，再走路到平山把貨物賣掉；為了躲避日軍，總是在晚上開船。這樣的旅程來回需要三、四天。【見圖20、21】

第二次世界大戰之後，港英政府面對人手問題，一時未能恢復正常運作，曾經邀請抗日遊擊隊幫忙維持治安，組成自衛隊，與英軍合作；直到1946年9月香港警隊恢復編制，遊擊隊才功成身退。港府的水警輪再次在吐露港一帶水域巡邏，可是走私的活動並沒有根絕，只是不同時期有不同的傾向。比如1950年代韓戰的時候，中英兩國是敵方，英國對中國實行禁運，就有人組織從香港把槍械走私到中國。

到了大陸實行改革開放，香港的走私幫又興旺起來了，他們熱愛的還是吐露港。1990年代香港天天有名牌汽車被偷，據説偷車幫收了大陸訂單之後，才按單到街頭覓取獵物，然後從海路運到大陸。走私船叫做「大飛」，馬力比港府海事處的緝私船強多了，而且有些還配備「裝甲」，常讓緝私隊奈何不得。

在那匪幫和政府競技的年頭，Plover號又在吐露港出現了（這是第十一代的戰船）。1991年3月一個晚上，香港水警在吐露港緝私，走私幫把鐵甲大飛直撞向水警輪，船上三名水警受傷，馬上向駐港的英軍求助。當時應召出動的正是和吐露港甚有淵源的HMS Plover，結果捕獲一個匪徒（另外兩人跳海逃走了），走私船上有好些電視機和一輛日本吉普車。這艘是最後一代的Plover號，駐港直到1997年，然後賣了給菲律賓海軍。

上面説到，日本佔領期間，中國文化人和英國義勇軍曾經從水路偷渡離港，那是少有的偷渡方向，一般總是從北往南，投奔香港。最高峰期是1960至1970年代，即文化大革命那十年間，大陸偷渡到香港的人難以細數，除了攀山和冒險橫渡深圳河之外，還有不少人選擇海路，抱著殘破的汽車輪胎投身大海，溺斃的屍體隨水漂浮到吐露港。年復一年，大埔滘的水警碼頭默默見證了這些悲劇：負責巡邏的水警從海上撈起屍首後，會送往水警碼頭，再由警車轉送殮房。【見圖22】

説到偷渡和難民，不能不提歷史上品位最高的那一位：宋朝最後一位皇帝宋帝昺。大家熟悉九龍城宋王臺的故事，也許要問：小皇帝跟吐露港有何關係？原來吐露港可能是世界上唯一還在紀念宋帝昺的地方。

吐露港的漁民有蜑家和鶴佬之分，他們來自不同地方，有不同的語言習俗，而每年都舉行儀式紀念宋帝昺的是鶴佬氏族，原籍海豐和陸豐。據說宋帝昺兄弟被元軍追殺，在陸秀夫等人保護下南逃，在海面遇險，是鶴佬氏族的祖先及時救了他們。宋朝滅亡後，他們把宋帝昺供奉為氏族的保護神，每年端午的深夜，他們把神像放在龍舟上，在海面巡行，以作紀念——深夜才進行儀式，保持了皇帝逃難和偷渡的影子。

後來鶴佬氏族遷移到新界，落腳的地方就是吐露港的元洲仔，因此宋帝昺龍舟夜遊的傳統也就成了吐露港的傳統了。除此之外，他們也在元洲仔山腳下建成了大王爺廟，大王爺誕的時候在舊墟搭棚演神功戲，抬著神像遊行進大埔墟。

浪花飛騰的歲月

有港灣，自然有水上活動，吐露港也不例外。從獨木舟、風帆到花式滑水，不但讓運動員暢意，也讓岸上觀看的人覺得是夏日的樂事。但除了這些「個體戶」活動之外，吐露港還有兩項別具特色的大型水上賽事，已經成為本地傳統，每年吸引數以百計的參賽者——那就是端午龍舟競賽和盛夏的渡海泳。

龍舟在吐露港的歷史悠久，不光是鶴佬漁民的午夜龍舟，端午節賽龍奪錦，這兒比香港其他地區都早多了。近百年前，從中國南部遷移到元洲仔的漁民愈來愈多，有不同宗族，他們開始組織小規模的龍舟競賽，可以說是牙骹戰。後來得到地方社團願意支持，規模開始擴大，到了20世紀中葉，除了漁民團體之外，七約、大埔和西貢的鄉事委員會，還有大埔體育會（原來的七約體育協進會）都是籌辦單位的主力。

當年的賽事終點靠近元洲仔，賽道沿著緞帶似的廣福道，在岸邊附近，人們即使不是特意看龍舟，只是坐車路過，聽到海上傳來急促的鑼鼓聲，在巴士上還可以看見水花四濺，自然也感受到節日氣氛。現在海濱公園大看台設備好，主辦單位沒有從前那樣傷腦筋，可是也沒有了當年元洲仔的色彩了。【見圖23】

我小時候，端午賽龍舟是父親在社區服務的重頭戲。幕後工作在年初就開始，牽涉的工作人員以百計，光是主禮台搭棚架的工程，還有儲存和運送嘉賓的座椅，就得做好幾個星期的籌備。從前的龍舟都是木造的，船身相當重，和現在的纖維船不一樣，保養也比較困難，每年賽前得好好檢查、維修和油漆。

到了端午當天，動員政府機關的人手不在話下，更依賴民安隊、聖約翰救傷隊和資深童軍做義工。我爸爸一大早穿著獵裝到主禮台打點，到了開賽，他又是大會司儀，沒一刻稍停，還好後來有了助興的嘉賓，在賽事的空檔演唱。那時主禮台靠近元洲仔小島，主禮嘉賓除了大埔理民府的主管和新界政務司之外，還有港督；即使如此，後來大家都是便裝出席，不然在那大熱天真夠難受的。【見圖24–26】

在那龍槳翻飛的日子，主角自然是賽龍好手們。早年的賽事都是大龍舟，有24個健兒，加上舵手和鼓手，陣容鼎盛。雖然不同的團體都可以報名參賽，但每年勝出的多半是水上人家的隊伍。李姓、石姓、鍾姓等等拿錦旗成了慣例，後來反而是「番鬼隊」最受歡迎：不知是因為他們一般體重比本地人高，還是因為不熟悉大型龍舟的型態，反正他們經常到了半途就紛紛落水了，讓大家看著有趣，拍掌叫好。

大埔的端午節賽龍舟不但吸引本地遊客，還有不少外來旅遊團，特別以日本團最多，雖然都有領隊，但有時也會出事故。1970年代初，一個日本女遊客不知怎的自己走失了，獨自在緞帶似的廣福道上慌張地走來走去，急得哭起來；有人把她領到司儀台，可是大家都不會日本話。我那時剛學了兩三個月，被推出來要我做翻譯，我除了問她叫什麼名字之外，別的都不會。

這時大會的中年攝影師忽然挺身而出，一開口就先説安慰她的話，不但言辭流利，而且表情動作都非常地道，兩人鞠躬如也，真叫人羡慕。我爸爸廣播了那位女士的名字，十多分鐘以後，滿頭大汗的導遊就出現了。

如此喜劇收場，大家該很感謝那位攝影師吧？他的影樓是大家熟悉的地方，本地居民的證件照片幾乎全都出自他手中，可是誰也不知道他會日語。於是端午節之後就有人這樣説：大概是三年零八個月的時候替日本人工作的吧！那時日本投降20多年了，但大家心裏還有「漢奸」的陰影，相對於今天，真是不可「同日」而語。

吐露港除了有歷史最悠久的龍舟競賽之外，也曾經是香港唯一舉行大型渡海泳的地方，因為維多利亞港水質嚴重污染，有很長時間被迫停辦渡海泳。

現在吐露港渡海泳的主持人是大埔體育會的林祿榮，他從頭一屆就加入組織工作。據他回憶説：「當年你父親籌辦渡海泳，邀我加入，那時候的工作人員就只有我和他

兩個，事無大小，必得親力親為。現在我的團隊有十幾個人，光是救生員就上百名……」【見圖27】

他的話勾起了一個塵封多年的畫面：第一屆吐露港渡海泳前一天晚上，我們家的飯桌上堆著幾百塊小布條，上面是參賽者的號碼。我們圍坐著，在每塊布條上別上兩個小小的安全別針，以便第二天賽事前分發給參賽者。這個笨辦法很快就被取締了，可是回想起來，當時用的都是天然物資，沒有絲毫塑料，真的讓人懷念。現在參賽者下水後，滿灘子都是塑料拖鞋，撿拖鞋也成了大會的工作。像這樣的細節，沒親身經歷過會以為是芝麻綠豆的事，其實費時費力的正是這樣的「小事」。

我的父親愛海，可是不會游泳，組織這些大型的康樂體育活動，讓他一生和吐露港相連。

圖19｜1950年代的漁船，船上掛滿了魚網。

圖 20 ｜這麼美麗的港灣，原來曾經是走私偷渡的要塞。

圖 21 ｜農村和艇戶。

圖 22 ｜ © 周綺華
這個碼頭曾是慘痛歷史的見證。

圖 23 ｜ © 大埔體育會
龍舟競賽當天，水上人家的船艇一大早就開到沿著賽道的地方，為健兒喝彩。

圖24 ｜ © 大埔體育會
1960年代，港督戴麟趾（右）到達龍舟競賽的主禮台。

圖25 ｜ © 大埔體育會
1970年代，港督麥理浩（左一）愛穿便服，大家鬆一口氣；圖右為黃源章，背後的大棚架就是龍舟競賽的主禮台。

圖 26 ｜ © 大埔體育會
1977 年的演唱嘉賓薛家燕（左）和黎小田（右）。

圖 27 ｜ © 大埔體育會
1980 年代，吐露港渡海泳的下水情況。

梅樹坑的聯想

周末的大埔愈來愈擁擠了；市中心行人專用區到處是長龍。這兒除了豆腐花、牛腩麵、名牌粥和舊日沙田大牌檔的滋味，還有很多別的小店推出林林種種的小吃，加上十多個水果攤子擺出來自世界各地、堆得像小山似的水果，吸引人群吃完了又買，買完了又吃，從一家漂流到另一家，就是不散去。

兩、三年前，我們這些住在大埔的人要躲開人群，還可以到海濱公園欣賞高手們放風箏，或者安安靜靜地散步、看玫瑰、吃冰棍和喝茶。現在連海濱公園也弄得沸沸揚揚：家庭樂的風箏大隊，撐起帳篷的「姐姐」中隊，拍結婚照的盛裝濃抹小隊，各得其樂地哇啦啦；最近還出現了以二十來人為一組的大陸單車團隊，前呼後嚷地在元洲仔公園把單車一字排開，真像個攻城的陣式；我們這些怕鬧的個體戶只好找別的地方去隱世。

就這樣，我愈來愈愛梅樹坑，因為這是個不熱鬧的地方。

梅樹坑公園

梅樹坑現在是個公園；在錦山山腳下沿著林村河走，就是公園的入口。多年前的冬天，我因為惦記著從烏蛟騰通往九擔租村子路上那一樹梅花，可是又不想「遠征」，就跑到梅樹坑「按名索樹」，想找找這兒會不會還有幾株寒梅，結果不免失望了。

可是無梅的梅樹坑自有它的景致：南北兩端窄長，中部比較開闊，像個橄欖。從南面進口踏上羊腸小徑，可以欣賞兩旁榕樹樹根以歲月在地上砌成的天然圖案。接著小徑一分為二，兩邊是花圃，中間有亭子和極小的廣場，不起眼，但很順眼。靠近北面，你會看到一個臨河的平台，彷彿有意邀你走下去觀看景色。

遺忘了的戰場

踏上平台往對岸看，眼前是火車路軌，路軌後面是舊大埔公路——巴士、小巴和汽車往來不斷。公路後面是座小山，你熟悉大埔的話，會知道山背後就是康樂園那一大片房子。你會想：這有什麼好看？

可是，在新界的歷史——甚至香港歷史——這座山有特殊的地位。這兒曾經挖了長戰壕，放了大炮，瞄準著位於林村河出口處的大埔墟。【見圖28】

你當然知道，第二次世界大戰時日本軍隊從廣東南下，佔領了香港三年零八個月。戰壕和大炮是那年頭的東西嗎？

不是的，這兒的歷史久遠多了。一百二十多年前，梅樹坑對河的山曾經是個戰場；那場戰事總共六天，梅樹坑之役只打了一天，卻牽涉到海陸部隊。仗打完了，交戰雙方都不願意提起，這段史實也就湮沒了。到了21世紀才有學者查究第一手資料，整理出交戰的實況：曾任職香港政府理民官的 Patrick Hase（夏思義）2008年出版 *The Six-Day War of 1899*（中文版名為《被遺忘的六日戰爭：1899年新界鄉民與英軍之戰》），詳細描寫了這場與九七有關的戰役。【見圖29】

借地引起的戰鬥

怎麼這個地方會跟「九七」扯上關係呢？因為交戰時間是1899年4月，戰事的起因是英國向大清政府租借深圳河以南、界限街以北的土地和周邊島嶼，共365.5平方里，藉以擴展香港的領域。租地條約在1898年6月簽訂，為期99年，到1997年6月30日終止。

既然租借新界始於1898年，怎麼差不多十個月後才打起仗來呢？大清政府割讓香港島和九龍半島，是因為打了兩場史稱鴉片戰爭的大敗仗，割地是戰敗的後果。我們知道租借新界不是由戰爭引起的；而且即使要打，也該是租約簽訂以前的事吧，怎麼會在租借以後才開戰？

答案很簡單：戰鬥雙方不是大清朝和英國，而是新界本土居民和英國駐港的警察和軍隊。至於為何在1898年租地，拖到1899年才交戰，原因也很簡單：香港政府在簽訂租約後，沒有馬上進據新界，而是希望慢慢考察，定出適當的治理方略，到了1899年4月才決定舉行正式交接的升旗禮，標誌新界歸英國管治。

新界人的憂慮

新界與香港島和九龍半島很不一樣。割讓前的香港和九龍是偏遠地區：1841年，英國外相曾說香港如同荒島，幾乎沒有一家像樣的房子；1860年英國租借九龍半島時，畫了個簡單的中文地圖，中部從九龍塘到深水埗的地方大書這幾個字：「此一帶山崗全是不毛之地」(這幅地圖現在藏於香港大學圖書館)。那雖然不是實情，但相對而言，新界不但面積廣大 (約是香港島的十二倍)，人口和村落眾多，而且是有文化的地方，出過有功名的士紳，注重華夏傳統。

香港島割讓時有十多條漁村，而租借前的新界光是一個大埔林村谷，已經有廿幾條村子了；沿著吐露港海岸，從樟樹灘到大尾篤有14條村子，其中人口最多的汀角村有600多人，樟樹灘也有500人。整個新界的村子數目在650以上，可以想象與割讓前的香港島大不相同。

新界的村落歷史悠久，有十數代以至數十代村民定居於這裏，他們多數都能追溯祖先在哪朝哪代離開中原，能說出遷移的路綫。這兒也有鄉村人奉行已久的法則和風俗；本地居民北望神州，以科舉為榮，跟中國別的地方沒有兩樣。大埔墟有兩個地名最能説明當年本地的文化和政治依歸：大埔頭在北，大埔尾在南，一切以中原為馬首是瞻。英國借了新界後，權力和文化中心忽然從北轉南，在當地人心中引起的動蕩，就像碰到地球磁場南北逆轉。世上很少有地方像香港那樣，只是通過條約，在一個世紀之內經歷兩次這樣的政治、文化和經濟磁場逆轉。

在1899年，香港已經是大英帝國十大城市之一，維多利亞港的吞吐量在整個英帝國排名第二，連英國小孩都會背誦 Kipling（吉普林）這首童謠：「你出遠門我怎麼寫信給你？/墨爾本、魁北克、溫哥華我能收/荷巴特、香港、孟買也可以。」港島的居民習慣了五十多年的港英政府統治，也習慣了城市文化，他們會認為新界的種種只代表貧窮和落後。但新界居民面對新統治者，即使沒有「國家民族」之思，也會考慮到自身利益：税和地是他們最大的擔憂。在英國管治下的香港和九龍，出生和死亡都要登記，市區養豬牛要付税，房屋土地也有地税……在城市人看來這是有系統的管治，但務農為生的新界居民卻認為這些收費針對人丁和土地，都是苛徵重税，會成為他們的致命傷。

租借前的新界

新界、九龍和香港本來屬於廣東新安的管治範圍，在清朝時，最高權威是兩廣總督。本地人要是想和朝廷代表議事，得走路上廣州，一程就是十多小時，不但費時，而且不一定達成自己的目標。路遠還不說，當時廣東省南部治安問題很大，港英政府在1898年簽了新界租約之後，做過調查，結論是深圳以北至東江一帶是「全中國最動蕩的地區……遍地匪幫」。因為這種種原因，新界鄉民習慣了「山高皇帝遠」，遇上糾紛，就以本地方式解決。【見圖30】

新界歷史久遠的大村不但人口多，耕地也多，很多小村其實是他們的佃戶，還有一些是從他們那兒分支出去的親屬，所以各村之間不一定是平等關係。香港說起土地，總愛說「地皮」，反映的是清朝時代的本地慣例：佃戶租地只有權使用土地的表層，深層的一切還是屬「地骨主」所有。身為地骨主的村落，會認為佃戶村都應該聽從他們的命令。

決定村子是否有勢力，除了人丁和土地，最重要的是功名，因為在當時的華人社會，功名給人最大的「話語權」。善用這種權力，可以平息地方上的紛爭，推動建設；但如果濫用，終於會釀成積怨。現在林村天后廟有一塊碑石，清楚記載了19世紀晚清統治時的情況：「封建時代，法理不全，多恃強凌弱，眾欺寡，尤其微有功名官職者，就恃勢凌人……當時粉嶺區有一村（今諱其名），其鄉不大，但有功名，鄉民強橫自大，視林村為其封土……」

所謂壓迫力愈大，反抗力愈強，因此這樣的糾紛常常以武力解決。林村居民不甘俯伏，粉嶺大村派出人馬拖著槍炮來進攻，根據記載，雙方對壘多日，林村為了護鄉而死的12個村民被尊為烈士。即使如此，當地人「為避免狂徒與惡勢之干擾」，還是不敢公開紀念他們，只能把他們的名字寫在一個長生祿位的背面。這個例子反映了19世紀末新界的管治情況。難怪在香港拓界文件簽署之後，有200多名新界鄉村代表寫信給香港總督，表示他們盼望「受一公正政府管治」；大概他們都曾經感受「惡勢力」的壓力。

當時即使是同一條村子的人對租借新界也有不同觀點，因為每條村子內部也存在不平等關係。在本來權勢較大的人看來，由英國人接管是個危機：他們怕新政府會改變有利於他們的現狀。正在這個時候，新界又出現了很多傳單，預言英國人會怎樣破壞本地生計和習俗，這成了本土人決定開戰的導火綫。

有意思的是，當時抗英情緒最強烈的，是位於深圳河北面的幾條村子。表面看來，他們應該不受英國租借新界影響，怎麼會領頭反對呢？問題是當年一些村子在深圳河兩岸都擁有田地，所以位於河北的村子反而更擔憂，因為他們認為租地界綫一旦劃下，他們就會喪失在深圳河南岸的土地權。當時港英政府的警察總長 Henry May（梅含理）曾經就此作出報告，說深圳民眾堅決反對英國租地，但新界鄉民並不打算動武。

事實上，香港政府接管新界後，有很多融合本地實情的措施，其中一項就是容許邊界兩岸的村民無障礙地往來，繼續耕種屬於他們的田地；到了我的童年，也就是整個1960年代，報章上還偶然就有照片報道這種情況。可是，在港府接管之前，村民無法預測未來，只是憑著經驗往最壞處想，而一些村子也確實有過讓他們憤恨的經驗，例如新界鄧族曾在九龍半島擁有田產，1860年天津條約割讓九龍半島南部，英國人並沒有尊重他們原來的土地擁有權，而是把一切收為官地。

後來的事實説明，港英政府對割讓和租借有不同的看法。新界土地既然只是借用，港府願意盡量保持本地風俗，也曾僱用了一些本地人到各村子張貼告示，希望安撫民意，但這些人都受到當地鄉紳父老威脅，其中一人更被活活打死，算是殺一儆百。由此可見，新界某些村子在英國接管前，早已劍拔弩張——錯了，應該説「槍拔炮張」。

梅樹坑之役

19世紀末的廣東省，槍炮深入民間，因為清朝的地方管治千瘡百孔，流寇橫行，只好讓民間組織起來自保，於是「團練」應運而生，他們不但配備槍炮，也容許穿著清兵的號衣，看來就像正規軍隊。新界的村落當然不例外，不管對外對內，武力往往是解決紛爭的常規途徑，當時村與村之間械鬥不是罕見的事。港英要接管新界，對很多村民來説，是出現外敵了，所謂「兄弟鬥於牆，外禦其侮」，他們不免起了武力抗英的念頭。

在英國人簽了租約，但還未接管治權那九個多月，就有村子呼籲大家聚集力量，起而抗英，其中以屏山起了領導地位——畢竟這兒是出過好幾個武舉人的地方。當時有的村子支持，有的村子反對，也有些本來反對，但受到威脅後作出妥協，願意為戰鬥隊提供糧食（梅樹坑對岸的大埔頭村就是個例子）。就這樣，元朗、大埔七約、錦田、粉嶺等地都有村子參加抗英聯盟，加上深圳河北岸幾條村子的人，總人數估計有近二、三千人。

這個時候，香港政府選了大埔的圓崗作為舉行升旗儀式的地點——典禮完成後，英國管治將正式展開。1899年4月初，港府在圓崗山頂上搭了兩個主禮和觀禮棚，大埔不知什麼村子的人發難，兩次放火燒了草棚。4月15日，港督Henry Blake（卜力）派了警察總長梅含理帶著20個警察，坐汽艇到大埔去保護典禮場地（當時新界沒有路，水路是交通主力），同時也下令香港軍團一個連（士兵125人）經沙田攀山進駐大埔；港督認為這個陣容足以震懾搞事的人，不至於掀起戰鬥。

誰知道香港警察的汽艇剛到達現在大埔舊墟附近的吐露港，岸上的山頭馬上響起猛烈槍聲，梅含理唯有折返沙田，和領軍的Ernest Berger（伯傑）商議；結果決定警察再用汽艇設法登陸大埔，軍隊從沙田翻山來增援，同時向港督告急。梅含理帶著警察，果然上了圓崗【見圖31，前方「B」的小山崗】，但抗英聯盟早已在對面山頭備戰【見圖31，左方「X」點，現在的大埔錦山】，居高臨下以槍炮進擊，論人數，論火力，那20個警察都不可能長守下去。伯傑帶著他那一連兵趕到現場時，發現抗英隊伍人數比他們多十倍，而且佈陣周密，兩個抬槍陣地一左一右，分別在錦山和汀角路背後的山上【見圖31，右方「X」點】，中間的大炮陣地正正坐落梅樹坑對面的山岡【見圖31，中央高樓後面的「X」點】，有十幾口大炮，兩邊挖了長戰壕掩護，山脊上人影憧憧，他們估計敵人數目遠超過一千人。抗英隊伍的目標顯然不只是圓崗的典禮場地，而是要制止英國軍警經吐露港進入新界內陸——梅樹坑是他們的必經之路。

按理說，英國人處於這個敵眾我寡的形勢，既沒有掩護，又缺乏補給，面對彈盡糧絕的威脅，非退不可吧？

可是，我們不要忘了，當年英帝國最引以為榮的是海軍。港督卜力收到急報，派出駐港英軍司令 William Gascoigne（加士居）坐上軍艦「HMS Fame」（名譽號），往吐露港進發。這艘艦上有一枚射程三英里的大炮，遠超過任何抗英隊伍的槍炮火力；它一出現，戰況就全面改觀，抗英陣地從主動變為被動，只有挨打，大炮都被打啞了。「名譽號」當年發炮的地方，現在已填海變成高樓大廈；你周末到這兒逛大商場，沒想過這兒曾經是戰場吧？

抗英隊伍和英軍打這一役，真說得上峰迴路轉：起初幾小時，本地村民的火力佔盡優勢，但一旦軍艦出現了，本地村民變得毫無還擊之力；說到底，全是火力強弱的問題。抗英隊伍深明此理，及時撤退。英軍當時的記錄說，本地村民退走時井然有序，運走了所有還能用的槍炮，傷亡者一個也沒有留下，因此無法知道當天本地村民的傷亡人數；至於英兵和警察，雖然長時間只能困守，卻沒有傷亡。

4月15日一戰，讓大埔的鄉紳對局面重新估計，他們懷疑動武是否明智之舉，終於決定退出抗英行列，而且親身向香港政府道歉。曾經參與抗英的大埔村民在4月16日回到家中，餘下的抗英隊伍從梅樹坑退入林村谷後方，英軍向著林村谷進發，也是通過梅樹坑，但大埔區內的村子不再參與對抗。就這樣，梅樹坑在炮聲隆隆之後，又恢復平靜了。

走在觀音徑上

平靜，是梅樹坑今天的特色。我們愛一個地方，總希望它永遠保持目前的面貌，雖然知道這只是妄想：沒有地方是不變的，梅樹坑也一樣。要是它真的沒改變過，我們今天也很難走到這兒了。

在一百二十多年前，新界完全沒有現代人心目中的「路」，林村和錦田的居民從觀音山腳走路往大埔，走的是沿著林村河河谷的觀音徑，梅樹坑就在這河谷中。今日的梅樹坑一邊是始建於1900年代的老大埔公路，另一邊是高架在公園頂上的吐露港幹綫。在這百多年重重疊疊的建設中，「觀音徑」這美麗的名字已經磨滅了。【見圖32】

梅樹坑1991年成為公園後，即使短期逃得過人為的改變，也逃不過大自然的威力。我在2018年秋天回到香港，看到颱風山竹在這兒留下「到此一游」的種種印記：這兒的小樹如棕櫚一下子少了幾十棵，更別說大樹被連根拔起了。

直徑七、八尺的巨榕樹根躺在小徑旁，讓人感慨；可是過了兩個月，樹根太參差的部位修整了，像個巨型雕塑，凹處放了點泥土，搖身一變，成為天賜的花盆：破壞和建設原是一件事的兩面，這一點，印度哲學傳統看得最透徹。【見圖33】

我私底下把梅樹坑公園裏的小徑稱為觀音徑。要是你看了這篇文章，一時衝動跑到梅樹坑去憑吊古戰場，別忘了，你是踏著前人幾百年的足跡，走在觀音徑上。

要是我們今天不忘記觀音徑，那麼，在幾百年後，也許還會有人記得卜公碼頭、梅道、駱克道、加士居道等等名字的來源。

說到底，文化的基礎是什麼呢？不過是代代相傳的記憶。古今中外的統治者都愛用標簽來指導（或者強迫）大家應該記住什麼，又應該忘記什麼；寫書的人最大的希望是大家不要善忘。只要有心，誰都可以做香港記憶的守護人。

圖 28｜照片正中央的山崗曾經是戰略性陣地。

圖 29｜ Patrick Hase 專著中譯本的書影。

圖30 ｜ © Hugh Baker
19世紀走路上廣州，走的就是這條石板路，圖中的路段在上水。

圖31 ｜鳥瞰今日的大埔墟，依然可以辨認當年新界鄉民如何佈陣。

圖32｜當年的觀音徑就在現在的梅樹坑公園裏。

圖33｜山竹的禮物：樹根花盤。

歷史時空

防洪也可以幽美

圖34｜攝於2019年3月13日，草叢裏的黃衣女士正在做統計，細數活躍於保育區內的蝴蝶和其他昆蟲。

防洪水的堤壩可以用幽美來形容嗎？大埔林村河在梅樹坑的防洪區就做到了這一點。

2018年初，我看到那兒有一段三合土河道被挖土機破開了，接連兩個月，常常有些人來回搬動沙包和草苗，當時感到很莫名其妙。但到了年底，就發現那兒長得高高的綠草在風中搖擺，色彩繽紛的野花在草叢中盛放，形成了美麗的自然保育區。

這樣的美事，有沒有人稱讚呢？我要不是親眼看到這個保育區是怎樣造成的，也許會以為這只是大自然的魔法，沒想到要感謝誰。

其實整個防洪區的維修和保護，又豈止個別的美化工程呢？讀者要是回看圖28，會注意到草坪上有好些藍色塑料包。那不是遊人扔下來破壞大自然的垃圾，而是由工作人員帶到這兒，用來包裹山竹留下的最後印記——數量龐大的枯枝。如果你有整理花園的經驗，一定能體會這永不休止的工作帶來的樂與苦。

大埔也有扯旗山

香港最著名的旅遊景點是「山頂」，不用說明是什麼山；英文叫「The Peak」，更乾脆了——The是專指冠詞，唯我獨尊。要是說它的名字，英文的「Victoria Peak」還會用到，但用廣東話說「維多利亞山」的，一直沒聽過。本地人對「山頂」有別的稱謂，常用的是太平山和扯旗山。太平山一名，據說是反映本地人在海盜張保仔棄暗投明之後的樂觀意願，在英國人管治香港島以前已經有這個名稱；而扯旗山名字的來由，據1840年代出版的《香港雜記》說，「若域多厘山、則有報船之扯旗一杆」，每逢有船開進維多利亞港口，這兒就會扯旗通報，因而得名。

其實在香港領域內，還有另一座名副其實的扯旗山。它位於大埔墟，現在有人叫它做圓崗，有人稱它為運頭角山，20世紀上半葉，很多本地人把這個地方叫做「鬼仔山」。「鬼」指的是英國人，因為這兒曾經是港英政府管治新界的核心。新界租借早期，所有政府文件都稱這個山崗為「Flagstaff Hill」（旗杆山）。

旗杆有什麼用？當然是升旗，所以說這是名副其實的扯旗山。關於這個升旗的故事，得從英國租借新界說起。

寧願補貼 也要借地

19世紀末，英國政府決定租借新界和離島，不是因為看準了這兒的發展或經濟潛力；正相反，他們認為統治新界不但困難，還會賠本。既然如此，為什麼還要強迫中國借地呢？其實他們最想要的不是土地，而是領海。要知道這是怎麼回事，我們還得看歐洲歷史和英國當時的世界觀。

現在大家回顧19世紀的英國，認為那是強大的帝國，所謂「日不落」，近兩代英國人戴上「舊時真美好」的玫瑰色眼鏡，有意無意地把這個觀點傳播開去了。可是，對19世紀末的英國政府人員來說，現實和歷史卻是另一副模樣：第一，英帝國版圖雖然大，但實際執行工作的人很少；第二，英帝國在世界各地的屬土不斷受到其他帝國挑戰，尤其以世仇法國為心腹大患。

自中世紀開始，英、法兩國為了皇位和土地打了幾百年仗，雖說英國自1805年Trafalgar之役後，就執國際海軍的牛耳，但還是忘不了歷史包袱。比如說，17世紀末，法國70艘戰艦在英倫海峽長驅直進，英方大敗，急得燒掉自己的戰船。18世紀英國面對法國和西班牙聯盟，在加勒比海、北美、非洲沿岸、印度和東南亞一帶連場海戰，以地域來說，是持續了幾十年的世界大戰。1797年，法國一支部隊成功登陸英國，造成全英恐慌。19世紀中葉，法國製造出比英國先進的戰艦，皇夫Prince Albert（艾爾拔）呱呱大叫不得了！但說到切膚之痛，首推始於1770年代的北美英屬殖民地之爭，也就是美國獨立戰爭：這不只是殖民地不甘納稅，起而抗英那麼簡單；法國看準時機，在1778年向英國宣戰，派出龐大艦隊援助美國獨立軍，又封鎖加勒比海的英屬殖民地（那是英國經濟命脈），同時與盟友西班牙海軍俘虜大量英國商船，讓英國經濟遭受重創；在亞洲，荷蘭又進攻英國在印度的殖民地。英國四面受敵，戰爭打了八年，終於失去美國十三州。（法國為此付出的代價更大：戰爭經費的重荷搞得民不聊生，結果弄成翻天覆地、殺人無數的法國大革命。）

可別以為到了19世紀末，這都是陳年舊事了。即使在20世紀，法國還擁有幾個位於印度半大陸的殖民地，也雄踞中南半島，一直威脅英帝國。1895年甲午戰爭之後，俄國、德國和法國不甘看著日本奪去遼東半島，聯合壓逼日本放棄這片土地，然後以此為藉口，要大清政府報答他們。俄國佔了旅順港，德國在青島建港口和鐵路，法國的算盤是把兩廣和雲南變為他們的勢力範圍，還提出要獨佔中國郵政的控制權。

1898年4月，廣州灣（現在湛江一帶）成為法國租借區，為期99年，附屬中南半島法國殖民地，法國軍艦在那一大片海域運作，英國認為香港頓時成了可能被侵略的前綫。諾貝爾發明的高效能炸藥讓炮彈的射程大增，成了各國爭奪土地的藉口。

當時英國人視海軍為國家命脈，政府二百多年來採取全國養海軍的政策，不惜為此發明了英倫銀行和國民入息稅，因此當英國殖民地大臣提出，要對抗各國在華勢力擴展，辦法是一方面在威海衛借地對抗俄、德，另外是租借九龍半島界限街以北至深圳河的土地，還有周邊235個島嶼，租用期同樣是99年，藉此擴大香港的防禦範圍，倫敦政府馬上首肯，由英國駐北京公使 Claude MacDonald（竇納樂）向總理衙門交涉。

他們當然想不到，接下來那短短半個世紀會有兩次世界大戰，不但改變歐洲各國的關係，也讓全世界步入後殖民時代。【見圖35】

重大的差異

英國向中國租地的條約在1898年6月簽訂，可是沒有馬上進駐新界，原因相當複雜。一來，清朝和倫敦政府為了九龍城寨的治權一直拉鋸；二來，新任港督還沒有到任。接下來慈禧太后在9月發動宮廷政變，維新的光緒帝被幽禁，保守派勢力助長了各地的仇外心理。當時港英政府的官員對華人社會有一定瞭解，沒有低估此時拓界的複雜性。香港曾經是英國殖民地官學生制度的樞紐，好幾任港督和輔政司都是官學生出身，下過苦功學中文和廣東話，其中包括這個故事裏的 James Haldane Stewart Lockhart (駱克) 和 Francis Henry May (梅含理)。

駱克是1878年第一屆的官學生，到了1898年，已經在香港任職18年，官至輔政司，是政府的第二把手。拓界條約簽訂前，新任港督 Blake (卜力) 還未赴港，倫敦政府就派駱克到新界考察，其中一個主要目的是看看當地有什麼稅收來源。駱克用了兩個星期巡迴新界各地 (包括深圳)，著眼點卻是未來的地方行政，因此在報告書中一針見血地寫道：新界和香港島有著「重大的差異」，港英政府在管理方面必須有相應方針，最好能維持本地風俗。他甚至曾提出，租借地應該包括深圳，因為當時深圳墟是這一帶的貿易樞紐，有了它，可以保持完整的農村經濟結構。反正港府瞭解到，大清雖然被迫借地，但要是本地人和廣東政府不肯合作，英國很難管治這片新土地。【見圖36】

《展拓香港界址專條》簽訂後那幾個月，港府每逢接到通報，說新界有反英傳單或反英活動，首先是找兩廣總督或新安縣令澄清，看清朝政府是否牽涉在內，同時也邀請清朝官員勸諭新界鄉民，要和平地接納拓界。經過大半年的考察、商議和紛爭，到了1899年4月，港府終於決定舉行升旗禮，正式接管新界。升旗禮的地點就是今日大埔墟的圓崗，選定的日子是4月17日。

港英政府雖有維持本地風俗的想法，但很多新界人對此並不信任。從1880年代起，珠江三角洲的排外情緒日益熾熱，在廣州尤其如此，主要原因是外僑盛氣凌人的態度。駱克也説過，「他們對中國的態度完全偏頗。」租借前的新界既然是廣東省一部分，自然也受到排外情緒影響，因此港英政府的每一項決策都被當地人視為極大威脅。1899年初，港府開始在新界選址建警署，成了燃點抗英情緒的導火綫，也標誌著「維持本地風俗」有一定的界綫。

今天的新界有兩棟拓界後最先建成的警署，屬於舊建築成功活化的例子，一是位於大埔墟的綠匯學苑，一是位於元朗屏山的鄧族文物館，當年分別管治港英新領土的東西兩區。這兩個地點都在山崗上，俯瞰附近的村莊，但其中一處卻引起村民公憤：屏山鄧族認為警署大大破壞他們的風水。

屏山所以得名，是因為山巒像個屏風，保護著山腳的村落，而港府建警署的地點位於屏風中央的山頂，據説犯了風水大忌。當時新界鄉村極看重風水，村落相互鬥爭時，也會用破壞他村的風水做武器；屏山人一直領頭反對港府拓界，歸根究底，風水是個要素。問題是，本地人説到破壞風水，港府就以為指的是要舉行升旗禮的大埔旗杆山，於是理直氣壯地指出：那一帶的鄉村如泮涌和碗窰等，都不認為風水會受影響，也不肯加入抗英行列。港府官員想不到的是，問題的核心其實遠在新界西邊。

英國人開始管治香港島和九龍半島後，哪有這種猜謎的情況？可見港府當時面對的「新界差異」，比駱克想像的更重大。

備戰的差異

早在1898年冬天，部份新界鄉民已經醞釀抗英，為此多次在屏山聚會。港府定出正式接管的議程，抗英主力則在元朗舊墟的東平學社成立「太平公局」，作為抗英總指揮。主動參加的村落不少跟鄧族有血緣或佃農關係，除了八鄉、青山等，還包括深圳河北岸的幾條村子；也有村子因為受壓力而加入的。至於位於大埔的鄉村，以七約盟下的村子最為積極，其中泰亨村文族起領頭作用；而跟七約一向有利益衝突的大埔頭村則不願加入，即使面對壓力，也只答應提供糧食和茶水。至於位於大埔南部，屬於翕和約的村子，基本上全都反對戰鬥，連曾經出錢出地，全力支持泰亨文氏建立太和市的碗窰鄉也不例外。這就是說，從最靠近旗杆山的鄉村算起，直到今天香港中文大學附近樟樹灘各村為止，都不同意武力抗英。

即使如此，抗英隊伍的陣容也夠可觀了。當年廣東省治安很糟，百姓為了自保，每條村子都有團練，因此壯丁和武器是常備的，大炮、抬槍和火繩槍對他們並不陌生，幾十條村子要召集二千來人也不困難。反抗隊伍的組織力很強，戰鬥前的準備一點也不馬虎：選陣地，挖戰壕，推測敵軍的行軍路綫，堅守要塞，防止敵人登岸等，都一一照顧到。讓他們最頭疼的，反而是村與村之間的仇怨：甲村拒絕與丙村並肩作戰，乙村又怕一旦團練出發後，會受丁村乘虛而攻等等。各鄉村之間固有的恩怨，對他們能否堅守紀律、和衷合作有很大影響。

但團隊畢竟組成了。他們的計劃是：在英國升旗禮當天，集中火力進攻，全面阻擋港府接管新界。

其實自1899年3月起，港府就不斷接到友善的新界鄉紳通知，說有人強迫他們參加抗英。但港督認為搞事的人純粹是誤會了港府的政策，只需要到各村派發傳單解釋，就可以平息怨氣。(可憐那些受僱發傳單的人，輕則被反英村民禁錮、痛打，重則喪命。)

到了4月，港府又接報，說有人策劃破壞升旗禮，但他們還是不相信會出現大規模的武力抗爭，只派出總警司Henry May (梅含理) 帶著翻譯和五名俗稱「包頭綠衣」的錫克警員，到大埔墟文武廟 (也就是七約村子的共同辦事處) 會見村代表，希望化解風波。相對於抗英村民的積極備戰，港府的取態是以勸諭為先，盡量減輕火藥味；他們沒想過會真的動武。

梅含理往大埔之前，先到九龍城的清朝衙門借來五名衛兵，讓他們去看管圓崗升旗禮的草棚，因為當時新界實際上仍屬大清管治。接著他和警員到了大埔文武廟，但在場的村民人多勢眾，不跟他理論，只罵他破壞風水，把他轟走了之後，衝上旗杆山，放火燒草棚。

梅含理在附近山崗看清了情況，退到沙田，回香港島向總督 Henry Blake (卜力) 匯報。卜力決定派兵到大埔，但他不屬意動武，只希望以陣容震懾當地人，讓他們不敢輕舉妄動。第二天，軍隊和戰艦進入大埔範圍，七約的代表果然不想生事，即時向港府道歉，說村民並非反英，只是有人酒後糊塗鬧事。這正是港督預期的結果，因此加深了他的信念，認為本地人不會進行有組織的抗爭。他很快就下令撤軍，並派人在旗杆山再搭起草棚，依舊歸清兵看守，以備4月17日升旗之用。

其實當時雙方陣形裏都有鷹派。屏山人聽説大埔火燒草棚，派出幾百個鄉勇來助陣，但他們到得晚，大埔村民早已向港府道歉，於是無功而還。在港府官員中，輔政司駱克和港督的看法很不一樣：他把村民抗英視為造反，主張嚴厲處分。駱克懂中文，因此一些新界鄉紳曾要求港督讓他管治新界；他們大概沒想過，語文能力不一定讓人變得寬容。

反正1899年4月5日那一把火沒有引起戰鬥，卻反映出雙方備戰的重大差異。抗英隊伍有周詳的計劃，但弱點是個別村落或村民缺乏紀律，無視「太平公局」的決議。港府正相反，始終不認為本地人會大規模組織起來，即使燒了草棚後，還是不備戰。

4月14至15日：第二把火和梅樹坑之役

升旗禮的日子愈靠近，港府接到説有人搞破壞的消息也愈多，港督終於派梅含理帶著20名警察到現場駐守，同時派出英軍支援。他認為情況會像4月5日那樣，只要展示實力，就能震懾少數搞事的人；他沒想到會開戰。

但英國部隊到達大埔以前，村民已經在4月14日燃起第二把火，燒掉新的草棚。屏山鄉民接到消息，馬上派出大隊人馬支援，在正對旗杆山的三個山頭佈陣。第二天下午，英國警察上了旗杆山，面對居高臨下的反英火槍和大炮，一直挨打；領軍的 Ernest Berger（伯傑）到達現場，發現敵軍人數超過一千，幾乎是英國部隊的十倍，而且佈陣的目標不光是制止升旗禮，而是全面鉗制英軍從吐露港進入新界，封鎖新界東的通道，因此最強的大炮陣地直指觀音徑上的峽道——梅樹坑。

由於港英政府一直沒有戰鬥準備，梅含理手下的警察和伯傑那百多名士兵都是輕身上陣，沒有足夠彈藥面對陣容強大的敵人；即使讓他們守而不攻，也是難題，因為他們連糧食也沒有。中國古語云：「三軍未動，糧草先行」，而港英政府卻是「三軍少動，糧草不行」！這樣子不備而戰，豈有不敗的道理？

但港府除了警察和步兵外，還有海軍。當時新界沒道路，但軍艦可以輕易開進吐露港。港督卜力接到大埔開戰的急報，馬上派出「名譽號」到場支援，負責指揮的是駐港英軍司令 William Gascoigne（加士居），艦上的大炮射程遠超過抗英隊伍的任何武器。「名譽號」一開火，大埔山頭的抗英陣地就毫無還擊之力，因為雙方武器的射程和準確度相差太遠了。

對抗英隊伍來說，4月15日這一役其實不應發生，因為太平公局原定的計劃，是趁港府要員在4月17日出席升旗禮的時候，集中人力和火力，攻他個措手不及。大埔村民不知會公局就搶先放火，不但向英方露了底牌，也讓公局無法及時調動足夠人手參戰。現在面對敵人強大火力，只有及時撤退，為下一仗保存實力。

當天黃昏，英軍登上抗英隊伍在梅樹坑對面山崗上的大炮陣地，撿獲泰亨村文氏遺下的旗幟，證明了他們是大埔的反英主力。但大埔的鄉村耆老經過這一役，不再戀戰，第二天親自上旗杆山向港府官員道歉，保證願意和平相處；粉嶺的隊伍也同時退出抗英。

4月17日：林村凹與上村之役

港府擊退反抗軍後，軍警都回到旗杆山駐守，升旗禮提早在4月16日舉行，以免夜長夢多。軍艦上的大炮在典禮中用作禮炮，接著就運回船上去了。領兵的加士居到了4月17日早晨才沿著觀音徑往林村巡邏，因為他相信戰鬥已經完畢。

抗英隊伍退守林村，但加士居沒有發現他們的陣地就折回旗杆山了，沿路一點沒察覺敵人尾隨著他，直到反抗軍向大埔馬窩山上的英軍通訊兵開火，才醒悟過來，派出伯傑迎戰。當時還不到下午一點鐘，英軍連飯也沒吃，就急促反擊，分兩路包抄抗英陣地社山，打了不到一個小時，抗英隊伍撤往林村的鍾屋村，英軍用了45分鐘就追到鄰村放馬莆，雙方展開激戰。抗英隊伍有大炮和抬槍，英軍的大炮從船上卸下了，卻沒有苦力運送，追不上主力部隊，伯傑只好下令英軍保存彈藥，留待致命一擊。【見圖37】

到了下午四時，反抗軍退守到在林村凹預先設下的陣地，即今日嘉道理農場附近；陣地兩旁山坡陡峭，反抗軍認定敵人只能正面進攻，把大炮瞄準正前方。當時陣地人數超過一千，英軍只有350人，卻是印裔部隊，善於攀山。英軍兵分三路，快速衝鋒。反抗軍沒料到陡峭的山坡會突然出現敵人，他們的老式大炮又難於調校角度，因此火力雖猛，卻傷不了人；反抗軍只有帶著較輕型的武器往元朗方向撤退。

英軍窮追不捨，晚上七時到了上村八鄉古廟，繼續在附近山頭掃蕩。但他們彈藥將盡，整天沒吃飯，只好等補給。懂廣東話的梅含理在午夜後趕到，和村民商議，他們同意提供食物：除了米餅和茶果等乾糧，還有兩條小母牛。三百多名英兵在淩晨兩點鐘總算吃到一頓飯。他們沒有蓬帳，只好在雨中露宿。至於英軍的大炮，由水兵和警察運送到鍾屋村就不能再前行，始終沒有和主力會合。

反抗軍經此大敗，只餘下400多人回到錦田營地，於是緊急號召駐守新界其他要點的隊伍前來支援。到了第二天中午，英軍估計他們的人數已增至一千二百以上。

4月18日：石頭圍之役

4月18日清晨，港府各階層的將領都認為抗英隊伍新敗，不會馬上再戰，而英軍主力還是面對同樣的問題：沒飯吃。伯傑無可奈何，只有帶著大半士兵走路回大埔取彈藥糧食。他和士兵下午一時回到上村，才知道有兩個水兵小隊送來了物資，但都是彈藥，一點糧食也沒有。那時林村一帶響起零散的槍聲，伯傑明白錯估了敵人的勢頭，匆匆部署手下200多名士兵和90多名水兵，以石頭圍村附近乾枯的河道作掩護，準備迎戰。

下午二時半，反抗軍作出破釜沉舟的進擊，一千多人的散兵陣型約半英里寬，火力和速度都很快，英軍的戰報稱讚他們勇猛果敢，並説假如他們的武器比得上他們的勇氣，戰況可就棘手了。但事實是英軍剛補足了彈藥，在掩護下誘敵前進，到近距離才開火，殺傷力極大。戰鬥持續到下午五時，反抗軍傷亡慘重，潰不成軍，留下了七門火炮和大量抬槍、火槍，但他們還有能力把大炮帶回屏山，沉入一個池塘內。

英軍一直緊追，輔政司駱克也隨行。到了錦田，他下令炸開吉慶圍和泰康圍的鐵門，直至日落，英軍才撤回上村的營地。【見圖38】

餘音

經過石頭圍一役，新界村民的鬥爭能力已經散渙，不可能再打下去了。英軍在4月19日開進八鄉、錦田、元朗屏山和廈村等地的鄉村，儘管駱克下令他們一定要掛出白旗投降，也沒有再出事端。反抗軍原來在新界西口岸部署的人員，全都調到石頭圍之役了，所以英軍登陸屯門和后海灣，完全沒有受阻。

抗英隊伍實際的傷亡人數很難確定。根據英方估計，林村凹和石頭圍兩天的戰事，抗英隊伍大概死了五百人；但1938年屏山達德公所為抗英烈士立了「忠義流芳」碑，共列出173人，與英方估計差別相當大。義士碑上，光是屏山鄉就佔了81名，其中幾位是已婚的女性。我們不妨做一個推測：她們可能是得知丈夫在4月17日的戰役陣亡，就決定拿起武器，像傳說中的楊門女將那樣，要上陣為夫報仇，由此可見屏山在這次戰役所佔的地位。據說當年遇難者埋葬在奎山山腳，後來骸骨遷葬到沙埔村的義冢。

這次短暫的抗英戰爭最值得我們深思的，是事後的處理。港督卜力與駱克持相反態度：駱克認為應該把犯事的人驅逐出境，但卜力卻不以為然，這和他的背景與經歷很有關係。卜力是愛爾蘭人，曾在愛爾蘭警察部的法庭服務多年，目睹英國在當地的嚴苛政策做成什麼後果，所以在新界抗英戰役之後，他說：眼前有兩條路——鎮壓或者合作，而他堅決選擇合作。1899年夏天，他在大埔圓崗跟新界各地的鄉村代表會面時，絕口不提抗英的事。這當然不代表他處處維護新界村民：他把錦田圍村的鐵門運回英國，到1926年——他去世多年之後——才物歸原主。

至於升旗禮的主角——那面1899年4月16日在旗杆山升起的英國旗——下落又如何呢？原來駱克退休時把它帶回蘇格蘭家鄉，現在是蘇格蘭博物館負責管理的George Watson's College「駱克珍藏」之一。這位香港輔政司在1902年獲派往管治英國的威海衛管核區（同樣是1898年成為英租界），直至1921年退休回國。他在威海衛任上遍遊中國各地名勝，不但和中國官員頗為相得，也結交新文化人如徐悲鴻夫婦和熊式一等，還有至少一位華人教子。

新界的村民雖然放棄了武鬥，但不代表他們不再抗爭，而是他們學會了另一套和英國統治者周旋的法式：組織和強化社團力量，藉以維護土地、營商和本土權益。經過幾十年的磨合，新界鄉議局在1959年正式成為香港行政架構的一部份，造就了新界原居民的特殊地位和權益。【見圖39、40】

長遠來說，租借新界對香港的政制發展也有明顯的影響。港英政府從拓界開始，就不斷地應對新界本土傳統帶來的挑戰，因此負責新界政務的理民官往往和本地的鄉村團體建立很友好的關係，這種互動作用，後來促成香港地方代議政制的發展。1976至1977年港府決定成立區議會，率先在新界推行，原因正是理民府和本地人已經有良好的合作架構。這個計劃成效立竿見影，到了1982年，香港和九龍以此為藍本，開展同樣的地區代議制度。

圖35｜© Hugh Baker
港英政府拓界之前，新界和離島都有清政府樹立的税收標記。清朝後期，地方政府徵收釐金，等於是收買路錢，所有過境貨物都得付百分之十的過境税。這樣的石碑代表當地的釐金區域——當時整個新界都屬於九龍關。

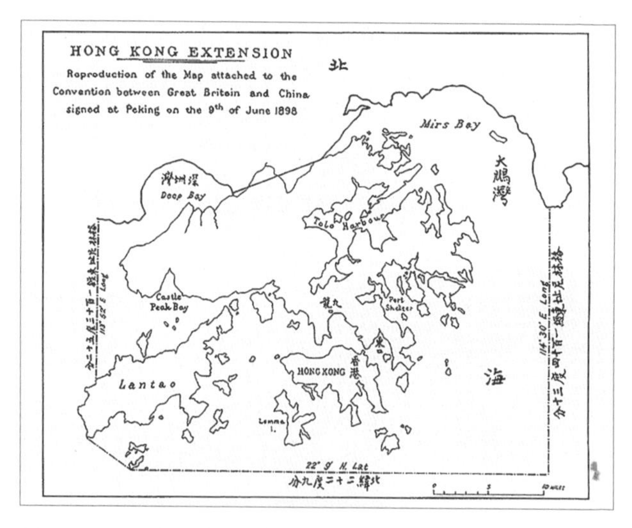

圖36｜1898年6月9日拓界條約在北京簽訂，這是附件地界圖。

圖 37 ｜ © Hugh Baker
嘉道理農場附近的小村子，當年曾經是激戰之地。

圖 38 ｜ © The Stewart Lockhart Photographic Archive on loan from George Watson's College to the Scottish National Photography Collection
這張照片是錦田被炸的圍村之一，來自駱克本人所藏照片集。

圖39｜ © 大埔鄉事委員會

時移世易，往昔爭奪墟市生意的七約和大埔頭融合成為大埔鄉事委員會，會址就是當年的七約鄉公所。

圖40｜ © Hugh Baker

1926年成立的新界鄉議局，在大埔墟崇德街的舊址。

歷史時空

從新界割下來的新九龍

1898英國新租借的地方稱為「新界」，土地從九龍的界限街往北、東、西三個方向推展，所以當年的「新界」實際上包含今日的九龍塘、九龍城、牛池灣、深水埗、長沙灣、觀塘、荔枝角、茶果嶺等地區。按道理說，駱克提出盡量尊重本地傳統的管治方式，應該在整個「新界」推行，但事實並非如此。

1900年1月，港府接管租借的地域不到一年，港督卜力已經決定把東自鯉魚門，西至荔枝角的大片土地從「新界」勾離，另外定名為「新九龍」，南邊界綫是界限街，北面則是天然的地理分界：九龍山脈。這個決定不但成為政府條例，而且還畫了地圖，清楚顯示「新九龍」的界限，如此一來，九龍可以發展的空間就忽然多了五倍以上。

卜力提出的理由是，這片土地的居民生活圈緊靠著原來的九龍，居民對英式管治有點認識，因此他決定「新九龍」地域的管治方式應該與原來割讓的九龍一樣，而駱克「新界報告書」建議的一切，在這兒都不適用。這就是說，港府不承認本地鄉民的傳統權益，也沒有像後來向新界鄉民收地時那樣，作出整體遷村或者可觀的補償。新九龍的人口只有新界的七分之一，這也許也是卜力認為他們不可能大力抗議的原因。

這個決定有什麼後果，我們可以舉個例子：香港人都知道「蘇屋邨」，那是1960年第一代大型政府廉租屋，以優良設計見稱，很多人都認為這兒風水特別好。可是有多少人知道「蘇屋邨」名字的由來呢？「蘇屋」原是新九龍一條人丁興旺的單姓大村，是務農的傳統鄉村。港府決定在此地建廉租屋區，村民就分散到各區安置，鄉村的宗族結構解體了，剩下「蘇屋」兩個字，已經失去原來的內涵。

同樣是傳統鄉村，同樣是1898年拓界的土地，位於九龍山脈以南的所有鄉村都和蘇屋同一命運，沒有得益於「新界報告書」——地理決定了他們的歷史。

對新界各區的鄉村領袖來說，新九龍村民的命運就像個可怕的警號，難怪他們為爭權益，不遺餘力了。

恭祝大埔元洲仔
大王爺寶誕
人傑地靈
敬賀

「島屋」與元洲仔

要看港英殖民地時期在新界留下的歷史建築物，少不了要走大埔一段不到兩英里的路：大埔滘濱海的房子「瞭望台」(The Lookout) 是這條歷史步道的南端，而廣福道兩旁山丘上的舊北區理民府、舊大埔警署 (現在是綠匯學院) 和舊大埔警察宿舍 (現在是挪威國際小學) 則是歷史步道的北端，也可以說是焦點。在這兩端之間，有個圓形的小島，原來只靠一條小堤連接大埔公路，島上建了新界殖民地時期最有特色的房子，大家都只稱之為「Island House」，沒有中文名字，要說到中文時，就只用島名：元洲仔。可是，從1950年代開始，有起碼二十年的時間，元洲仔一詞泛指沿大埔公路堤邊艇戶居住的範圍，不限於那個圓形的小島，因此我在這裏姑且把島上的房子 Island House 叫做「島屋」。

歷史步道

今日我們可以稱這段路為歷史步道，是因為這兒集中了不少歷史建築物，可是這些地點在當年為什麼能吸引港英政府注意，成為大半個新界軍政建築群的選址呢？我想最重要的是地理環境：吐露港不但是新界對外貿易的重點，更連接著大鵬灣，是個軍事防禦的要塞。大埔滘的瞭望台、元洲仔的島屋和舊大埔警察宿舍都建在海岸綫上突出的地點，而圓崗上的舊北區理民府和舊大埔警署則從高處俯瞰吐露港，距離海岸也不過五分鐘路程，在還沒有公路和鐵路的年代，這個佈局雖然規模不大，但構思足以媲美古代歐洲沿著海岸綫建造的烽火堡壘。

這條步道又可以依據建築物的屬性分為兩段：靠近大埔墟市的北端是行政和軍警執勤的建築物——北約理民府和警察局；靠近大埔滘的南端則是高級官員的住宅——瞭望台和島屋。

大埔瞭望台本來是私人建築，房主是個英國工程師，設計風格是殖民地式的平房，有寬闊的迴廊，最大的特色是個瞭望塔，可以環顧整個吐露港。日治時期這兒和其他大埔的大宅一樣，被日本人徵用，曾經是專門向犯人逼供的地方。二次大戰後，港英政府買了這座海濱產業，在1950至1970年代用作北約理民府和警察局高級官員的住宅，有一段時期每年都舉辦鄉民同樂日，招待鄉村代表和他們的家人，據説很得民心。大埔瞭望台在歷史上用途最特出的時候該數1990年代，因為那兒曾經是愛滋病人的寧養中心。

時至今日，瞭望台的業權雖然屬於香港政府，但一直出租為私人住宅，因此元洲仔的島屋成了唯一開放讓市民參觀的港英時期新界官邸。

島屋前緣

説來我跟島屋有點奇怪的緣份：我還是少不更事的時候，曾經是島屋的座上客，和鍾逸傑夫婦吃了一頓午飯。在那以前，因為我父親是大埔龍舟競渡的主持人，有時候我跟著他，會近距離看到很多港府高官，包括港督和當時的新界政務司鍾逸傑，可是我並不認識他們，他們更不認識我，那怎麼會弄出一頓午飯來呢？

忘了那是1975年還是1976年的夏天，大埔理民府一位中文主任打電話告訴我父親，說鍾逸傑家午飯要找個年輕人做陪客，問我能不能去。我赴約以前，以為大概會有十多個來自香港各區的黃毛小女和小子出席，我算是大埔區的代表，和同輩輕鬆地吃頓自助餐，沒什麼大不了。誰知到了元洲仔島屋，進入飯廳，發現完全不是那麼回事：主人是鍾逸傑夫婦，主客是建築師何弢和他的太太，陪客只有我一個。

何弢是發起興建香港藝術中心的三劍俠之一，也是藝術中心的建築師，那三角形設計讓他聲名大振，同時藝術中心的興建因為資金短缺而停工，報上消息不斷。鍾逸傑要在荃灣興建文化會堂，與何弢打交道可說是理所當然。但宴請這樣的火紅人物，應該找個年齡履歷相當的人做陪客。我那時不過是個小小的港大生，乳臭未乾，不解世情，絕對夠不上資格，自問當天一點貢獻也沒有。到底怎麼會找我去呢？到現在還摸不著頭腦。難道是注定了要寫《大埔故事》，所以上天在幾十年前給我安排了機會，讓我能看到島屋全盛時期的模樣？【見圖41】

島屋的規模

島屋的規模其實不算大。今時今日，在香港能住得上有園地的獨立房子，自然非富則貴，要不就是有丁屋權的新界鄉民，但島屋相對於20世紀初的英國民間住宅來說，屬於中上人家的規模：上下兩層，樓下是客廳、飯廳、書房、廚房和洗手間，樓上是四間臥室和浴室。雖說房子佔地是整個小島，但花園的實用面積也屬中等，但如果說到景觀，這兒絕對是世界第一流：馬鞍山和八仙嶺環抱著吐露港，即使是英國溫德米爾湖邊最高貴的歷史大宅也無出其右。

更重要的是，島屋有個私家碼頭。在房子建築當年，港英政府對新界鄉民的抗爭之心還有不少顧慮，島屋的地形有如英國傳統的堡壘，四面環水，只有一條窄長的堤道連接陸地，要是真的受到攻擊，不但易於防守，也可以輕易乘船離開險境。

島屋是住宅，因此建築風格和圓崗的紅磚歷史建築群有點不同，外牆是粉色批蕩，看來比較講究。房子採用了當時領英國潮流風尚的美術工藝 Arts and Crafts 作風，特別注重小節的裝飾作用，像拱門、圓拱形的大窗和鑄鐵排水管的紋飾，還有室內的圓柱，都是在香港不多見的設計特色。【見圖 42】

島屋還有另外兩個特點，一是房子四周的遊廊，為住戶提供有遮擋的戶外空間，這是英國人很看重的，在東南亞英國殖民地的住宅也很常見；二是一座塔樓，這可就罕有了。它的存在完全因為吐露港：20 世紀初，新界依然以航運為主，這塔樓就是為船隻導航的燈塔，直到公路和鐵路交通取代了船運，燈塔才不再亮起。【見圖 43】

和同期的房子一樣，島屋也有些外圍建築，最主要的是山腳的馬廄和馬車房，這小房子的樓上是馬夫和傭人的住房。英國接管新界初年，住在這兒的官員每天來往住宅和圓崗上的辦公地點，主要交通工具就是馬匹。【見圖 44】

港英的早期新界政策

據了解，在港英接管的早年，住在島屋的並不是一戶人家，而是本區政務、軍務和警務的要員，也就是說，這兒更像新界北約的高級官員宿舍。隨著港英政權在新界站穩了陣腳，這兒就成了北約理民府的官邸。

說到港英政府早年的新界政策，有一則小故事最能反映現實：1922年，港督 Edward Stubbs（司徒拔）召見派駐新界南、北約理民府的官學生，向他們提出告誡，要他們緊記一點，就是對香港政府來說，新界並不重要！

這番話背後的原因大概有兩個，第一是新界面積雖然大，但佔當時全港人口不到百分之十五，而且大多是本地鄉民，與香港要發展的國際性貿易不怎麼掛鈎。第二是倫敦政府與港府都一直擔心新界租約和建設成本等問題：接管新界的頭一年，港府在這兒的支出是二十三萬三千多元，而收入只有七千二百多元。好幾任港督都曾經建議倫敦設法把新界治權永久化（包括1905年的 May 梅含理，1909年的 Lugard 盧押，1921年的司徒拔和1927年的 Clementi 金文泰），但倫敦政府認定了經營新界是賠本生意，因此不願意多花功夫，也不打算在這兒作任何長遠發展。司徒拔在1922年向駐新界的下屬發出警告，只是反映這個現實。

司徒拔的警告帶來什麼反應，我們大概可以想像。曾經在新界南約理民府工作很多年的 Eric Hamilton（韓美頓）是當天被召見的官學生之一，他回憶說，他們幾個駐新界的同僚聽了這番話，一起跑到大酒店的酒吧去借酒消愁。這些派駐新界的理民府官員對新界有自己的看法，跟港府的核心要員差異極大：他們長時間與本地人相處，建立了友好的互信關係，能看出地區性的發展潛力，更希望自己能有所作為。對他們來說，港督司徒拔的話等於是從高處淋下來的一大桶冷水，讓他們覺得自己在工作上白費心力。事實上，對新界持反面態度的不只是一些英國和港府高官，一般高等華人可能更甚：他們往往貶稱鄉民為「一腳牛屎的鄉下佬」。

對於像韓美頓那樣為新界投入心力的官員來說，1930年代後期帶來的改變應該是很大的鼓舞。中國八年抗戰期間，數以十萬計的難民年年湧進香港，相對於港島和九龍，新界有的是土地，而土地則成了港府最迫切的需求。不論要做任何規劃，或者要興建水庫，都得有地，因此港府必須和新界擁有土地的鄉村協商。從那時開始，新界南、北約理民府的角色就開始吃重了。

影響深遠的島屋住客

1898年，英國政府接管新界以前，曾經委派當時的香港輔政司駱克遍訪新界，調查民情和工、農、商等活動，駱克在他遞交給倫敦政府的報告書中強調，新界和港、九有重大差異，不能採用同一的管治方式。他建議新界的政務要由一名獨立的行政人員管理，這位主管應該有司級頭銜，官階從屬於香港總督，但在辦實事方面則完全獨當一面，很有點分庭抗禮的意思。當時駱克是香港輔政司，他有沒有想過自己是這個「新界司」的當然人選呢？

港英接管新界之初，並不打算大規模發展，因此駱克對新界的行政構思並沒有實現。可是，到了1970年代，港府管治新界的模式真的曾經有過一段非常「駱克化」的時期，也就是說新界政策基本上由一個人制定。這個人的名銜是「新界政務司」，而元洲仔的島屋正是這段時期的見證。

在香港歷史上有新界政務司職稱的人只有一個，那就是 David Akers-Jones（鍾逸傑）。新界政務署在1974年成立，到1981年改組為管理全港的政務司署，不再劃分港九和新界，鍾逸傑統領這個部門直到1985年初。他在任期間，把原來是大埔理民府官邸的島屋變為新界政務司官邸，經常邀約各部門的助手到家中，坐在面對吐露港的遊廊下商議發展宏圖。1970年代大規模填海興建新市鎮的政策，正是這樣設定的；這不但讓新界改頭換面，也間接地徹底改變了整個香港行政和議政的運作模式。【見圖45】

說到以「獨當一面」的心態管治新界，最好的例子莫過於興建荃灣大會堂——新界第一座文化中心。鍾逸傑當年說，鄉下地方能建成如此規模的文化建設，主要原因是只讓動手辦事的人知情，別的港府官員都排諸事外。這話聽著好玩，可是並非實情；荃灣大會堂不是什麼秘密，設計的概念在1971年的《南華早報》就有報道，說明包括規劃中有廣場、音樂廳、展覽廳、文化活動室、會議室、演講室、書店和咖啡廳。1980年代後期荃灣人口預計增至近百萬，這是一系列公眾建設的頭一炮，怎麼可能瞞天過海地興建呢？鍾逸傑的說法顯示的，大概是他本人的心態。

鍾逸傑在出任新界政務司以前，已經推動了對香港影響深遠的新界房屋和土地政策，那就是「丁屋」和換地權益書；當時他的上司是 Denis Bray（黎敦義）——1950年代的北約理民官和島屋住客。現在新界原居民認定是自己固有權益的「丁屋」，實際上是港英政府在1972年推出的手法，為的是取信於鄉民，否則無法謀得發展新界所需的大量土地。換地權益書和丁屋權讓鄉民成為地產商紛紛爭取的對象，製造了很多新界富翁，有人戲稱為坐勞斯萊斯的地主。

在戰後的港英政府中，鍾逸傑是善於籠絡鄉民的頭號人物，也是最受新界鄉民歡迎的官員——他的中文名字要用客家話唸才切合 Akers-Jones 的發音。21世紀初，卜立德在大埔墟逛街，常常有人問他是不是鍾逸傑（其實不但長相不像，而且年輕多了），可見鍾逸傑的確深入本地民心，連從沒見過他的人也忘不了他。

島屋新里程

鍾逸傑夫婦在1974年遷進島屋，直至1985年他當上輔政司才離開，在這裏留下極深的印記。現在島屋花園的設計基本上全是他們夫婦的主意。他們的兒子因交通意外喪生後，花園裏種了一棵樹紀念他。島屋在1983年列為法定古蹟，鍾逸傑夫婦離開後，它作為政府官邸的使命也完成了，1986年正式由香港野生動物基金會接管；鍾逸傑曾出任野生動物基金會的主席多年，這個安排自然也得到他的助力。

歷史住宅要成為展覽和教育中心，可不是搖身一變那麼簡單，得經過大規模維修和改建（例如增加廁所、扶手和欄杆等），需時也需財。我曾在島屋展覽室踫到野生動物基金會的主理人，和他説起老房子維修的種種問題，那真是筆沒完沒了的帳。現在島屋雖然對外開放了，可是維修還是不休不止的。

元洲仔

漁民和元洲仔小島本來就有淵源；現在元洲仔的大王爺廟的前身，是清朝時鶴佬五姓漁民募捐建成的。從1920年開始，大埔理民府注意到，來這區停泊的船艇愈來愈多，不少大概受到新建成的小碼頭和維修小船塢所吸引；到了1930年代，船艇多得可以支持好幾個新建的漁欄。

但說到漁民人口激增，還得數1937年日本侵華引起的動蕩，在一年之內，元洲仔的船艇增加了四倍，佔用的地方也因此愈來愈多。

元洲仔本來是小島的名字，但到了1950年代，它所指的地區開始往北擴展，包含了沿著大埔公路兩旁的淺灘。這個改變主要是因為漁民的選擇。他們本來一直住在船艇上，遇到颱風襲港，才會到把船停在有保護的港灣避風。可是隨著社會改變，他們發現帶著老人和小孩出海雖是個傳統，但可能不是最好的生活方式，因為小孩既不能上學，老人就醫也困難，於是開始找個「著陸」的辦法。

大埔公路兩旁的淺灘鄰近大王爺廟，又靠近市集，方便魚獲批發和零售，因此成了漁民的最佳選擇。有些漁民在內灣（即現在廣福邨對面的公園和足球場）搭起簡陋的棚屋，有些以老船艇為基礎改裝一下，成了家人定居的地方，老弱婦孺不再跟著漁船出海作業，但他們還是保留了傳統，生活方式和陸上人家不盡相同。【見圖46】

這個從元洲仔小島延伸往大埔墟的新社區，性質很像陸上的寮屋區，雖然不是依法建築，但政府體察民情，沒有制止，社區的範圍也就不斷擴大。政府為了方便管理，給它一個現成的名字，於是「元洲仔」不再光指原來的小島，變為這個漁民社區的名字。

1950至1960年代，很多香港攝影師都鍾情於元洲仔的艇戶風光，他們的作品曾奪得不少國際沙龍大獎。可是，棚屋和艇屋的生活實況和照片的美景相差很遠，除了衛生環境極差以外，也經常面對風災和火災的威脅。政府終於在1969年開始遷徙小部份艇戶。接下來，元洲仔在1971年和1974年兩次大火，讓政府需要更積極地尋求長遠對策。

到了1977年，大埔墟大規模發展，首要工程是擴建這一段大埔公路（即廣福道），清拆元洲仔的船民區是擴建的頭一步。漁民被安排遷往臨時房屋區，到了大埔建成第一批公共屋邨時，船民多半被安排入住——大元邨的名字就脫胎自「元洲仔」。【見圖47】

圖41｜島屋的外觀。

圖42｜島屋客廳的大窗是建築特點之一。

圖43｜島屋的燈塔鄰近大埔滘的碼頭，曾經在吐露港發揮大作用。

圖 44 ｜ 傭人的住房。

圖 45 ｜ © 大埔體育會
鍾逸傑初任新界政務司，為龍舟點睛；右旁為黃源章。

圖46 | © Hugh Baker
1960年代靠近元洲仔的魚市場。

圖47 | 現在吐露港漁民的後代進城，用的還是私人交通工具。

歷史時空

新一代的浮家汎宅

元洲仔的漁港風情早已成為歷史，但漁民和吐露港的關係卻沒有斷絕，除了三門仔漁村遷徙到現在的位置，保留漁村傳統外，還有不再出海的漁民後代改為經營養魚場，最容易看到的養魚排在三門仔村和大美督避風塘。

圖48｜三門仔海中的養魚排。

晨曦和夕照下，港灣裏一系列的魚排依然説得上是沙龍美景。可是，和他們出海捕魚的先輩一樣，養魚的漁民也面對大自然的威脅，颱風和紅潮都可以讓他們血本無歸。他們比先輩稍勝一籌的，是家在陸上，房子比艇屋牢固。

2019年11月，香港又再面對政治抗爭的動蕩，大埔對外交通斷絕，連本區的交通也受阻，差不多有一個星期。這段孤島時期過後，我和卜立德坐小巴士到三門仔慶祝，想不到有意外收穫。

當時我們站在海邊的小碼頭，對岸是慈山寺的觀音像，右邊是八仙嶺和淡水湖堤壩。那天不是周末，做遊客生意的摩托小艇並不營業，但我們看到每隔十來分鐘就有小艇駛過，感到好奇。接著一位年輕女士到了小碼頭，向著遠處開過來的小艇招手，我忍不住問她：「這小艇會開到哪兒去呢？」心想要是做遊客生意的艇家，我們也可以坐一回。

她回答説：「我是回家去。」看到我一臉不解，她又解釋道：「是我丈夫開艇來接我，我們住在那條船上。」她伸手指向前面港灣裏的幾條船。

小艇靠近碼頭，我們才看到開艇的是個歐洲人。年輕女士輕巧地跳到艇上，摩托發動了，可是小艇離開碼頭後又駛回來。年輕女士向我們説：「我丈夫可以送你們到對岸大美督，你們到那邊玩一會，有巴士回火車站，好嗎？」

就這樣，我和卜立德忽然成了遊客——我住在大埔幾十年，還是頭一遭做hitch-hiker，以小摩托艇為交通工具，從港灣一岸開到另一岸。

小艇路經港灣中心時，年輕女士指著一艘三層的小遊艇説：「那就是我們的家。」

圖49｜三門仔和大美督之間的海域，原來是摩登浮家泛宅的首選。

原來他們面對香港租金昂貴，居住環境擁擠，決定投身大自然，買來二、三手的遊艇，已經在港灣住了八個月，平常進城就把小摩托艇開到大美督或者三門仔，連接巴士或小巴。多半人以為遊艇是消閒工具，我雖然曾有兩個朋友以遊艇為家，也只是長期泊在遊艇會的位子；長住在海上的例子，這還是首次遇上。

那時大家對颱風山竹記憶猶新，我自然問到他們的經歷。答案聰明極了：「颱風預告危機高的話，我們先把船開往船塢維修，平靜了再回港灣。」

當年元洲仔的艇户風情已經消失了半個多世紀，卻原來今日的吐露港依然吸引著浮家泛宅。

圓崗上的紅磚房子

1899年4月，港英政府接管新界之前，選中了大埔墟的圓崗作為升旗儀式的地點。從那時起，這個不起眼的小山崗就在港英的新界史佔了重要席位。這兒不但有新界第一座警署，同時也有管治半個新界的行政大樓，可以說是當年新界政府文官武將的集中地。

港英政府把新界的土地分為南北兩區，依當時本地鄉民熟悉的用語，稱為「南約」和「北約」：南約包括荃灣、元朗、青山和離島如長洲等，行政中心在荃灣；北約從大圍伸展至沙頭角，同時也包括塔門等離島，行政中心就是大埔的圓崗。

要明白小小圓崗為何能得到港英政府的青眼，得想像大埔墟填海以前的地理環境：當年站在圓崗上，面向大埔和八仙嶺，港灣近在咫尺，舊大埔警署雖然是單層建築，卻能俯瞰交通要塞吐露港。警署前有旗杆和面海的炮台，從海面和四周的鄉村都能清楚看到，等於是港英政權的商標，也是對異見者的警告。

舊大埔警署

港英政府在正式接管新界之前，已經選定了圓崗為北約主要警署的地點，而本地鄉民在升旗禮前以武力抗爭，更加強了官方在當地盡速建立警力的決心。1899年港英在新的管治領域開設了幾個警察局，包括大埔、沙田和九龍城（別忘了港英拓界的範圍也包括九龍半島界限街以北的大片土地），都是臨時建築，以竹竿和茅草搭建成草棚。圓崗上有兩個這樣的草棚，港督 Henry Blake（卜力）在1899年夏天會見新界鄉紳，就在這兒。

但大埔畢竟是個管治中心，警署怎能草草？港英政府早有建設藍圖，在這兒率先作有規模的建築，1899年就動工。這就是今天綠匯學苑的前身——舊大埔警署，名列一級歷史建築物。

舊大埔警署是紅磚平房，有東、南、西、北四翼和一個中庭，風格中西合璧。雙層的中式金字瓦頂有防熱功能，而荷蘭式的弧綫山形牆，煙囪以及窗頂和窗緣的紋飾，還有木百葉窗和壁爐，都是源自西方建築。雖然舊大埔警署從20世紀之交到1960年代不斷增建、改建和維修，但一直保留了這些早年的跨文化建築風格。【見圖50】

以人為本的警署

我們現在說到警署，想到的只是警察的辦事地點，但20世紀初卻不一樣。要有警力駐守一個地方，得先解決駐警的切身需要——吃和住，所以早年的警署都附有警察宿舍。大埔的特殊管治地位反映在駐守本地的警力：5名歐裔警官，32名印裔或華裔警員，佔了整個新界四分之一的警力，同時也是指揮半個新界的地方。

舊大埔警署面積有限，設有獨立廳房和廁所的高級宿舍只有兩間，分別在東翼（現在的博物館辦公室）和南翼（現在的接待處和小商店，1912年稱為「沙展宿舍」），因此很早就得另選地點加建警官級的宿舍（見下文）。至於一般警員，都住在北翼兩個大房間；西翼則是工人房、廚房和廁所。

港英警察是個多種族的部隊，日常生活總會有不同習慣，比如最簡單的「吃」就是個例子；大埔警署在1913年為印裔警察加建小廚房，正好反映多文化部隊的需要。印裔警員當年俗稱「包頭綠衣」，是組成香港警力的重要部份，大埔的駐警自然不例外。現在綠匯學院「慧食堂」外的草坪在1920年是塊空地，而當年印裔已婚警察希望有獨立的宿舍，因此警署就在這兒為他們建了幾間茅房。【見圖51】

維修與改建

當年新界與港九市區發展的差異，從基本建設看得最清楚：舊大埔警署到了1934年才連接電綫，因為作為新界管治中心的大埔墟到那時才通電。至於警署的各種加建，都是應需要而生的，隨著時代轉變，也會改建或拆掉，唯有1918年南翼新建的迴廊不但一直保留，更成了建築物的焦點；現在大家到訪綠匯學院，首先踏足的，正是這曾屬於「沙展宿舍」的迴廊。【見圖52】

除了迴廊，最值得注意的就是1939年建成的紅磚焚化爐了。今時今日，你要銷毀什麼機密文件，當然是一手放進碎紙機裏，但在百年前的世界，保密的最佳辦法只有一個：燒。有意思的是，大埔警署建築於1899年，怎麼拖了四十年才需要焚化爐呢？我想那是危機感的關係：1938年10月日軍佔了廣州，香港頓時成了前綫，雖然英、日還未宣戰，但日軍長驅南下的勢頭愈來愈明顯，港英政府自然得做點準備功夫。【見圖53】

除了上面說到的標誌性建設以外，大埔警署差不多每年都需要做維修工程，以對抗天然的災害。對建築物造成大破壞的自然力量，首推颱風和暴雨，不但房子本身要維修，連通往警署的三合土小徑也常常在雨中解體，到了1924年，終於建了鋼筋三合土徑，才免了每年重修的麻煩。但論破壞力，狂風暴雨還比不上一種小昆蟲：白蟻。房子的樑、柱、窗框和金字頂都是木頭，幾乎每年都因白蟻為禍而要維修。這種種問題當然不限於大埔警署，那年代所有同類政府建築物都要面對，難怪港府和英國當局都認為管治新界會賠本。

今天到這兒遊覽的人，怎會錯過「慧食堂」的特色純素餐飲呢？這家餐廳和廚房原是1960年代初的鋼筋三合土建築，分割為兩個大間，一邊是食堂，另一邊是宿舍，而現在很受歡迎的小花園，也是那時期成型的。【見圖54】

食堂故事

我每次到綠匯學苑的「慧食堂」，就會憶起這個故事：大概是1960年代中後期，一天晚上，我們家的電話響起來，是警署有人找「孔Sir」；因為我父親參與很多地方公益事業，當地警方人員都這樣稱呼他。父親跟對方講了兩句，就掛綫了，接著對我們說：「神神秘祕的，說有好東西要送來，讓我十分鐘後下樓去拿。」

到底是什麼東西？是煲仔飯用的那種瓦煲，裏面竟然是狗肉！難怪在電話裏不便說明。由此可見當年香港社會習俗往往流動於「法」與「非法」之間，年輕一代認為非法，老一代——包括執法者——卻可能說「法律不外乎人情」。今天的「慧食堂」本著嘉道理農場的環保原則，專做特色純素餐飲，是香港文化轉變的最佳說明，我自己就常到那兒。現在誰也想不到，這兒當年曾用來煮狗肉吧！

舊北約理民府

位於圓崗的紅磚歷史建築有兩座，比大埔警署更高一層的是舊北區理民府，這是英國租借新界後建成的第一棟民政大樓，同時也有防禦功能，因此設有炮台，於1907年完成，管理大半個新界的行政。【見圖55】

為什麼說是大半個新界呢？可以舉個例子：1899年港英政府在大埔和屏山都設了田土廳，負責新領土的業權登記，也就是說本地居民擁有的土地房產，都要向新政府報上，否則就不算合法業主。那段時間，大埔田土廳處理了近2萬2千宗登記，屏山田土廳只有五千六百多宗，從未來稅收的角度看，港府焉能不重視大埔呢？除了業權登記外，田土廳也是新界丈量和劃界的基地，雖然港府1899年在這兒升旗，但測量整個新界的工作要到1903年才完成，主要工作都是印度裔的測量師負責。【見圖56】

從拓界一直到日軍入侵，北約理民府大樓可以說是區內行政的百搭——除了常規的管治工作，這兒也充當郵政局，直到日本投降之後，才在廣福道設立獨立的大埔郵政局。理民府大樓剛建成時，是殖民地式帶長廊的平房，但很快就發現辦公地方不足，因此加建了一層。到了1970年代新市鎮計劃推出，「北約」管治的範圍開始減少，首先是沙田成為獨立新區，後來上水和粉嶺又成為「北區」，這座歷史大樓就變成大埔理民府了。

老房子總有不少維修問題，辦公室間隔也和新一代的行政模式有點隔閡，所以汀角路旁的新行政大樓建成後，理民府就遷居了。現在這座歷史建築物是新界南童軍的總部，正是適得其所。從1960年代開始，本地每逢有社區活動和慶典，北約第二十一旅深資童軍總會派出大批人手輔助，我從小親眼目睹：我父親組織元洲仔龍舟競賽和吐露港渡海泳那些年，最依賴的助力就是第二十一旅童軍和聖約翰救傷隊。

說起來，我跟老北約理民府大樓也有過短暫的因緣。我大學一年級的暑假，剛好大埔理民府要找人做暑期工，負責到一些離島做統計，我因此與老房子結緣，體驗過這兒的辦公室和公務員文化，可能是坐過這兒辦公室年齡最小、年資最淺的人。那時還有阿姐（或阿嬸）一天兩次推著茶水車來送熱茶，但時值暑假，得把茶擱在一旁，等涼了才能喝。1970年代中期，老房子當然已安裝了冷氣機，但不知是否因為天花高，總覺得沒什麼「冷」意；上級進來聊天，愛指著冷氣機上的牌子說：「係祖家貨，大聲兼唔冷。」所謂祖家，當然是指英國。

暑假結束，我和老房子說再見。不到一年後，理民府也和它說再見，遷往新大樓了。

舊警察宿舍（Old Police Bungalow）

上文提到，從港英政府接管新界起，大埔就是北約警力的中心，高級警官人數眾多，因此需要加建宿舍安頓他們，這座紅磚宿舍終於在1909年建成，地點是廣福道一個沒有名字的小丘，隔著馬路與大埔警署及北區理民府遙遙相望，現在的正式地址是廣福道175號。

一百多年前大埔尚未填海，從大埔滘通往大埔墟的一段廣福路是臨海堤壩，這個小丘就像三面環水的半島，是近距離監察吐露港的上佳地點，加上背靠著圓崗警署和理民府的炮台，除了是宿舍，更有防衛作用。直到1960年代後期，這兒的地理環境還沒有改變，是近距離看吐露港的最佳地點：八仙嶺、馬鞍山、元洲仔盡在眼前。我少年時代愛在假日下午走到這兒，腳下踏著石頭上的蠔殼，不但是看海，還能真切地聞到大海的種種氣味——鹹的、腥的、濕的、霉的……

舊警察宿舍和北約理民府一樣，也帶點工藝美術風格，以磚砌拱門和石楣為特色，只是沒有元洲仔島屋講究。英國軍警為單身高級人員建宿舍是個傳統，有大廚房提供膳食，管家和僕人負責清潔和洗衣，真的照顧得很周到。大埔警官宿舍是這個傳統中的小型例子，也設有獨立的僕人住房，英文名字說明它是平房（bungalow 這個字源於英國統治印度的時代，是印度話）。當年入住這裏的都是高級警官，包括新界分區指揮官，大家最愛提到的，就是1915年領頭到上水龍躍頭做打虎英雄的 Donald Burlingham（寶靈翰）。

二次世界大戰後，高級警官的住宿安排開始改變了，傾向提供私人空間，不再用這個宿舍，因此這兒數次「易主」，入境事務處和廉政公署都曾經使用，甚至做過倉庫。還好現在終於成功走上「活化」的路，搖身變作挪威國際學校幼稚園，雖然並不對外開放，一般人走在廣福道上看不見這二級歷史建築，但起碼有人負責維修了。【見圖 57】

就在這個無名山丘的腳下，有一家油漆成通紅的小屋，在巴士站旁。這本來該是舊警察宿舍的馬廄和馬夫房，荒廢了很多年，大半棟房子被山邊雜草掩埋了。現在終於恢復舊觀，成為進出大埔墟最輕易看到的歷史建築，坐在巴士或汽車上就看得清楚，不必下車。

圖 50 ｜位於圓崗的舊大埔警署。

圖 51 ｜這片草坪曾經搭建印裔錫克已婚警察的茅房。

圖 52 ｜舊日的沙展宿舍迴廊成了舊大埔警署的商標。

圖 53 ｜建於 1939 年的焚化爐。

圖 54｜大埔老警署連接東西兩翼的走廊位於中央花園，平常不開放。

圖 55｜舊北區理民府內部不開放給遊客參觀，但大家可以走上台階和走道。

圖 56 ｜ ©The Stewart Lockhart Photographic Archive on loan from George Watson's College to the Scottish National Photography Collection

英國租借新界之後，花了好幾年時間做土地測量工作，總理其事的是駱克。此圖中與他同行的 Henry Gompertz 是最高法院的法官。當時新界沒有路，交通工具是山兜，圖右斜坡上可以看見苦力抬著兩個空山兜。

圖 57 ｜站在山崗下，還能隱約看見舊警官宿舍。

歷史時空

大埔警官宿舍的英國「表親」

和其他殖民地一樣，港英政府的早期建築多半以「祖家」同類建築為藍本，再因應本地氣候作適當改動，演變為殖民地式藍本，現在從馬六甲、新加坡到淡水、高雄和香港，都有不少例子，大埔警官宿舍也是其中之一。

圖58｜台灣淡水的英國殖民式建築。

為紀律部隊提供住宿，是個英國傳統，基本上是在一個小區興建等級不同的住房，供應長官、中層和基層所需，而長官住所也分已婚和未婚，前者是獨立房子，後者是有員工服務、有餐飲供應的高等宿舍。

雖說早年的北約理民府管治大半個新界，但牽涉的高層人手數目不很多，所以相對於英國同類建築，規模不大。這裏可以舉個英國南部前空軍基地的未婚軍官宿舍和食堂為例，以作比較：圖59的房子也是紅磚建築，樓高三層，正中是主樓，兩旁是東（右）西（左）兩翼，東翼一角是個大酒吧，主樓和西翼除了宿舍，也有辦公室，而西翼三樓有個房間牆壁特別厚，窗户特別小——那原是放機密文件的地方。

圖59｜英國南部前空軍基地的軍官總部，照片顯示的是西翼和主樓。

在這座建築物的西面，建有幾十間排屋型式的兩層高小房子，那是基層的宿舍；建築物的斜對面有一家獨立紅磚小屋，有小花園，是沙展宿舍。從基層的宿舍往南走約七、八分鐘，就是八座半獨立的體面房子，各有大花園，是已婚軍官的住所。

要是我們把大埔早期殖民建築套入這個藍本，當年圓崗上的舊大埔警署為中層（沙展）和基層根據等級提供各類型住宿，而隔著廣福道的大埔警官宿舍則是高級住所，等同英國本土的未婚軍官宿舍，元洲仔的島屋成為北約最高官員的住宅——基本上切合英國的軍警傳統。

從那不一樣的學校說起

要是你站在大埔墟火車站的南下月台往外看，路軌另一邊的山崗就是1899年港英政府拓界時舉行升旗禮的圓崗。在這個小山的左右兩邊，有兩家以人命名的學校，右邊臨河的是「王肇枝」，左邊在山坡上的是「莫壽增」，都是基督教中學校。前者創辦於1960年，是大埔區第一家中學，後者創辦於1975年，校舍設計曾經獲香港建築師學會銀獎。

可是我要說的學校不是這兩家，而是圓崗旁的樹叢中隱約可見的花崗石房子。這兒從前也是學校，比上面提到的兩家中學歷史更久，構思更與眾不同。

春暉園與「大埔官小」

穿過大埔火車站旁的行人隧道，你會看到一塊花崗石牌匾，刻著「春暉園」。這兒現在是個公眾花園，周末是外籍家傭的天地，但對很多在大埔長大的人來說，這是他們唸小學時專有的花園。春暉園的碑記說明，這個花園在1952年撥歸山崗上的小學。【見圖60、61】

要是你覺得這樣很優待小學生，這其實只是學校的設施之一，他們還有自己的高等規格運動場（大小等同正規的足球場），校園後面還有山坡，學生稱之為「後山」，花崗石的西式校舍裏除了一般的禮堂、八間課室和教職員辦公室外，還有木工室、縫紉室和醫療室；課室都有花木或山坡圍繞。校舍正面有個花壇，以花草拼砌出學校的名字：

TPPS大埔官立小學——這可是個工程，得由專責的花王經常修剪。

環顧整個新界，像這樣的小學獨一無二，而且跟它創校時真有天淵之別。大埔官立小學（當年簡稱「大埔官小」）在1946年創辦時，第二次世界大戰剛過去，日治時期很多地方斷電斷水，港英政府重新接手，百廢待興，這家官辦的學校也只能租用廣福道的民房（據說靠近現在某大快餐店），只有四個課室，起初開設小一至小四的課，兩年後改為小三至小六，學生除了大埔本地的孩子，還有沙田、粉嶺、上水各區，甚至有少數每天從九龍坐火車來上學，可見當年學位多麼珍貴。

日治期間，很多居民因為逃避苛政，回到大陸鄉間，戰後紛紛回流香港，因此適齡和超齡的學童人數大增，失學的孩子很多。少數新式村校像大埔崇德學校（1925年成立，稱為崇德高初等小學）在戰前已經建立規模，戰後可以盡快復校，但這樣的例子不多。政府為了解決兒童失學的問題，多管齊下，一方面開辦官立學校，另一方面鼓勵各鄉設立鄉村小學，取代傳統「卜卜齋」，並提供一比一的資助——本地人能拿出多少資金，政府就付出同等津貼（這就是津貼學校的由來），例如創辦於1946年的林村公立學校，還有後來的林村二校和三校，就是循著這個模式成立的。除了鄉事力量之外，還有善心人如釋慈祥法師等傾力創辦義學，學校不足的情況才稍微改善。【見圖62】

當年的大埔是大半個新界的管治中心，也是港英政府在新界辦學的固有基地（詳見下文），租用民房作為小學當然不是長久之計，畢竟教育不光是讓學生坐在課室裏背書。但大埔官立小學的設施遠超出同類的學校，要是把它移植到同時代的英國本土城鎮，也要讓人稱羨，我們自然要問：為何如此不惜工本呢？

答案得追述到第二次世界大戰發生以前。

中文教育與模範小學

港英政府很早就設立教育委員會，按著施政方針、人口增長、發展所需等項目，制訂教育建議，而1935年的報告書有兩個特點：第一，是提出應該注重中文教育；第二，是建議設立模範小學。

在殖民地提出要注重本地語文，並列入教育政策，環顧英帝國，似乎沒有這樣的先例。港英政府遵循英帝國傳統，早在1895年決定在香港和九龍推動英語教學。租借新界以後，港府1902年的教育報告書就提出應該在新管治區開設英文書館，於是1905至1906年間，曾經在大埔、元朗、屏山三地設英文學校，1908年也在長洲建校，學生來源是鄉村學校的畢業生。在這些英語學校成績優異的學生，有機會拿獎學金進入英皇書院和香港大學。當年重男輕女的社會習俗未改，學生自然是全男班。

英國殖民地鼓勵本地人接受英語教育是個常規，怎麼隔了三十年，新的香港教育報告書竟然提出要注重中文教育呢？港府了解本地的經濟發展離不開與大陸的關係，是一個原因，而1930年代開始的移民潮則是另一個原因。這個時期從大陸來港的人跟以往不同了，他們不再抱著「打幾年工就回鄉下」的心態，而是舉家移民到這裏，因此適齡學童的數目大增。港府明白一個以華人為絕大多數的社會，還不斷有新的中國移民湧進來，要是一律強加以英語為基礎的基本教育，只會吃力不討好。九廣鐵路通車以後，新界鄉紳看著本地那麼缺乏學位，曾經在1913年合資1,000元，把13個新界學童送到廣州上學，這自然也讓港府深思。應該是這樣的背景，讓1935年的教育報告書提出要著眼中文教育和興建模範小學。

其實在此以前，港英政府明白寬鬆的好處，也有政策支持以中文授課的學校。為了把新式教材引進鄉村學校，政府在1913年推出新政策，只要鄉村學校的校長同意把四成以上的上課時間用來教古文以外的學科，就可以申請政府津貼，這正是新界傳統學校脱離「卜卜齋」的第一步。當時中華民國成立不久，新文化運動的旗幟還沒舉起，港府這項政策可説很及時。

除了鄉村學校之外，教會辦學也是個傳統，他們比村校更樂意採用新式教科書，因為他們也看重政府津貼。譬如在1920年代，大埔有不只一位天主教主鐸神父説過，要是沒有政府津貼，他們的學校就很難維持。

從1910年代直到1942年日治開始，香港的中文學校在選用教材時相當自由；整個1920年代，很多課本還是綫裝書。那時在本地編制的課本很罕見，因此英文教科書多數來自其他英帝國殖民地，而中文課本（當時稱為「漢文」）的源頭以大陸為主，像語文、歷史、地理和科學等教科書，不少原來經中華民國政府教育部審定；即使是注明「本港教育司審定」的課本，也大量參考中華民國的教材。研究新界教育發展的學者指出，晚至1940年代，新界很多小學的公民課本名稱還是「中國公民」，由此可見，當時港英政府沒有試圖利用教育措施來改變本地的民族意識。1949年以後，冷戰陣型形成了，香港的教育方針不能避免意識形態的左右，但「左派學校」依舊在香港運作。相對於同時代的台灣和中國大陸，香港的出版和言論自由佔了明顯優勢，學生能接觸到在其他華人社會被禁絕的書刊和資料——胡適、林語堂、張愛玲等人在大陸禁絕的作品，我們手到拿來，台灣幾十年戒嚴時期列進黑名單的書，香港的坊間書店滿架子都是。當然，到底要不要看，還是學生的決定。

不同層面的模範

大埔官立小學那樣的校舍和設施，可以說是特有的時代產物。這所完工於1952年的校舍，其實植根於1935年香港教育報告書——它就是報告書說要興建的模範小學，只是遇上第二次世界大戰攔途剪徑，到1950年代初才能完工。就在這個時期，中國大陸逃難來港的洪流，成了香港政府最大的挑戰，面對基本民生和治安問題，哪兒有閒再在新界興建更多的模範小學呢？提起1950年代的香港基礎教育，大家首先想到的大概是天台學校。這個背景造就了大埔官小校舍與校園獨一無二的地位。【見圖63、64】

大埔官小在新校舍建成後，沒有馬上放棄在廣福道租來的四個課室，而是在兩個地點開設共12班，依舊是全日制的小三到小六，直至1960年代初，因為香港學位嚴重不足，才改為半日制，把學位倍增，也不再租用民房了。

其實除了整體學位不足，大埔官小的學位還有特別吃香的原因。在1950年代的升中試，這家學校成績斐然，每年都出了很多免費升讀名校的所謂狀元，因此真的成了大家心目中的模範學校，不少家長千方百計要讓孩子入讀。因為它只辦小三以上的課程，孩子們原來都在別的學校，要通過入學試才能成為大埔官小的學生，做父母的為了應戰，天天監督著孩子上補習班。我有個朋友的表姐也在這個行列，可惜接連報考了三年都不成功。據說這樣的例子並不罕見——也就是說，很多家長為了讓孩子進這家學校，甘願他們降班兩、三年。「虎爸」和「虎媽」在香港很有傳統呢！

「虎爸」和「虎媽」們講求成果，一旦區內出現另一家成果更高的學校，他們都馬上見風使舵，大埔官小也經歷了這樣的「降格」，被區內一家在半春園附近的誠明學校取代了「首選」的位置。世事滄桑，誠明學校的校舍已經成了頹垣敗瓦，這家曾經在區內顯赫一時的鄉村學校也逃不過港府殺校的命運。

集體記憶與個人回憶

大埔官小作為新界的模範學校，和市區學校的課程有一點很不同，就是政府認為學生要有點農業知識。第二次世界大戰後，英國本土的小學也曾經教導學童在校園種植蔬果，可以說是個傳統。現在找出香港1960年代早期的教科書，還有「農村常識」這一門；這大概是當年政府把春暉園撥歸大埔官小的一個原因——讓學生有個地方做實踐。

到了我那個年代，只是上課半天，春暉園也早已變成了學生們「眼看手勿動」的地方。可是據年紀比我大五、六歲的學長說，1950年代末至1960年代初，春暉園的菜圃還真是學生的天下，校工不去管。有一件趣事，可以說明校工「不管」是怎麼回事。當年九廣鐵路的路軌沿途都是開放的，沒有什麼鐵欄、閘門之類，春暉園在路軌的一邊，另一邊是鄰近泮涌村的耕地。既然有耕地，自然有耕牛，牛是不懂地界的，興之所至就會跨過鐵軌，走上山坡，進入春暉園。校工看見了，就跑到課室去發警報，高聲嚷嚷：「喂，啲牛又嚟食你哋種嘅菜啦！」菜是學生的，趕牛的工作自然也歸他們。

另一件和春暉園有關的趣事，我還是近幾年才聽到。我做大埔官小的學生時，校長韋漢良和英文科老師張采蓮是夫婦，卻原來早好幾年，他們還在談戀愛的時候，常相約到春暉園，學生們知道了，偷偷在山坡上窺看。結果校長大發雷霆，把他們抓來罰抄（那年代最流行的處分）：我以後不敢偷看別人！【見圖65】

上面說到的集體記憶，只有年資高的學生才經歷過，可是鐵路路軌帶來的頑童記憶似乎是代代相傳的。我在大埔官小唸書的時候，春暉園與鐵軌之間已經築起了鐵欄，還有一道閘門，來自村子的耕牛絕跡了；可是閘門不上鎖，頑皮學生還是可以穿越。火車軌為什麼對他們有吸引力呢？吸引就在力學上：他們把五毛硬幣放在路軌上，等著火車的鐵輪輾過，本來是圓形的錢幣就變成了很薄的橢圓形，拿在手裏還是熱的……

我說「他們」，原因是我只能旁觀，不敢動手，因為要是我拿著這樣的「製成品」回家，身為師長的父母肯定要訓責，說無知小童的頑劣行為會造成火車出軌。

除了春暉園，大埔官小的另一個「招牌」是校舍前那棵老木棉樹，每逢春季，沒有葉子的枝頭向天舉起艷紅的拳頭，以形象說明木棉為什麼也叫做英雄樹。但花開過後就要落，木棉可不像別的花，片片花瓣飄然下降，而是整朵花掉下來，擲地有聲，彷彿是英雄遇上末路，視死如歸。

我自己對校舍的記憶有點與別不同，因為愛上了醫療室。我小時候呼吸系統弱，常要發病，有一年說是患了百日咳，放病假一個多月，中途碰上考試，我被安排獨自在醫療室應考，其中有手工藝課，要用火柴盒做一把沙發椅子。我坐在那兒，幻想自己製作的沙發椅成為房間的一部份，醫療室也因此成為值得珍重的回憶。

大沙區運動會

今天的大埔墟，到處都是有規格的足球場，但要是回顧1950和1960年代，大埔官小的運動場是整個新界東部最具規模的體育場地。那年代很看重體育活動，廣福道的「大埔七約體育協進會」為青少年提供一個好去處，而一年一度的大沙區運動會，可以說是很多人的童年盛事，地點就在大埔官小的運動場。

這個運動會全名應該是大沙區學界運動會，出賽的是大埔和沙田的小學生，籌辦的是這兩區的老師和校長。有很長的一段時間，我們的校長韋漢良是學界體育會的主席，我的父親是總幹事，因此一年裏有三、四個月總要聽到運動會的籌辦過程，有時候也當信差，替校長把文件帶給父親，或是從家裏把文件帶給校長。

我的父親雖然是體育健將，但奉行易子而教，每逢周末就去訓練別人的兒女，偶然聽他說到，某學校的某某很有天份。有一件事讓我印象很深，就是一天他買來了幾雙跑鞋，原因是看到幾個有天份的學生赤腳上陣。又過了幾天，他回來說真是沒辦法，他們穿上跑鞋後竟然大失水準，結果只有脫了鞋出賽。這個故事一方面顯示新界當年物質的匱乏，另一方面也反映出那時的人真可愛。我為這本書收集資料時，就遇上了一位當年曾經在大沙區運動會赤腳上陣的田徑好手。

大埔的師範傳統

香港的大專院校中，只有一家專攻教育，當年它的新校舍選址在大埔，有點爭議，可是從歷史角度來看，今天的香港教育大學立足大埔，可以說是承接本港中文師範教育的傳統。

20世紀上半葉，新界的市鎮雖然有了鐵路連接九龍，卻缺乏連接鄉村的公路，政府認為交通不便引致鄉村教育水準落後，於是接受教育署視學官黃國芳的建議，在新界設立中文師範學堂，以訓練本地師資為目標。1926年，「漢文師範學校」創辦（簡稱漢師），租用的校舍就在大埔墟，經過仁興街和北盛街時期，最後遷往靠近火車站的錦山，一直到1941年日軍進佔新界為止，共有14屆畢業生。雖然校名是「漢文」，其實這家師範學校的課程也相當注重英語基礎，因為政府一來是要借助這些新派老師帶動鄉村學校的英語課程，二來是應學校行政的需要：可別忘了，直到1970年代初，港英政府的官方語言只有一種，那就是英語。

漢文師範的規模不大，但影響頗深，畢業生分佈新界各鄉村學校，很多都成為校長。以林村原居民張枝繁為例，他是漢文師範的早年畢業生，繼承他父親的「衣缽」，在上水博文學校主政數十年，以作風嚴謹著名，又大力推動童軍運動，身歷新界社會和教育再三轉型的過程，活到差不多一百歲，是本地教育史的最佳見證人。

日本投降之後，漢文師範沒有復校，但大埔漢師的畢業生凝聚力很強，發動籌建學校以紀念他們的母校，「漢師同學會」名下曾經有幼稚園、小學和夜校，讓漢文師範的名字得以流傳。【見圖66】

被遺忘的歷史角落

1999年，大埔官小的新校舍在新區太和建成，我們那可愛的花崗石校舍有十年時間被安排作為「國民教育中心」，接下來就棄置了，四周鐵網圍繞，閘門掛著大鎖。曾經有學校的舊生回到那兒，問管理員能不能進去看看，答案當然是「不許」。

這所位於圓崗邊上的校舍興建至今雖然只有70年，卻是20世紀新界教育的一塊里程碑。論地點，它和好幾棟殖民時期的歷史建築近在咫尺；論歷史，大埔也有不少前清私塾，例如敬羅家塾和叢桂書室，與大埔官小可收相得益彰的效果；論交通，它距離大埔火車站不過六、七分鐘的腳程，正是創立香港教育博物館的最佳選址。目前香港教育大學雖然設有教育博物館，但受空間限制，要是能遷館到這兒，規模就大不相同了。

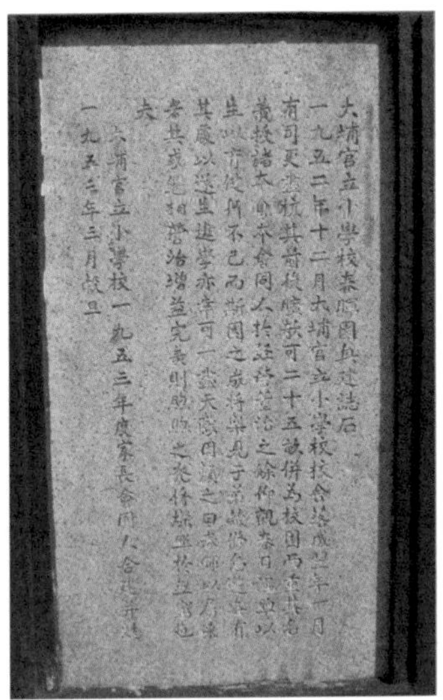

圖 60、61 ｜春暉園的牌匾和碑記。

圖 62 ｜崇德學校原來曾寄居在鄉議局之內，就在大埔老火車站旁邊的崇德街，後來鄉議局遷址，原址就建成了崇德學校的新校舍。

圖 63｜大埔官立小學的花崗石校舍。

圖 64｜典型的新界鄉村校舍。兩者形成強烈的對比。

圖 65｜現在的春暉園只剩下老樹和老亭子，但依然與火車軌為鄰。

圖 66｜ © 大埔師範同學會
漢師同學會成立照片。

歷史時空

永別香港的孩子

上文説到，日治時期，很多香港居民回到大陸鄉間，原因是香港糧食不足，日本人採取苛刻的政策以盡量減少人口，加上日軍本來就愛用暴力對待本地居民，很多家庭決定讓母親帶著孩子回鄉，父親單獨留守，希望保得住房子和僅有的物資。這些孩子戰後歸來，不少已經超過正規的入學年齡，成了超齡失學群體的成員。

儘管如此，他們還算是幸運兒。當時決定回鄉的家庭，不少發現他們的鄉下也正面對糧食短缺和日本苛政，加上缺乏衛生和醫療設施，孩子因為營養不足，容易患上疫症，又無法診治，很多就死在鄉間了。日治對新界鄉村的打擊很大，例如大帽山的上塘村在1930年代有三十多户，包括不少孩子，到1945年日本投降時，已經成了荒村。

我有一位戰後在香港出生的朋友，她的家就遇上這樣的悲劇。日治期間，她的父親在上水的村子留守，被日軍拉去灌水逼供，要他説出遊擊隊的行蹤；其實他一無所知，還好沒有因此喪命。她的母親帶著她兩個哥哥回廣東的鄉下，好不容易到了日本投降，兩個孩子都死了，她母親隻身回香港，夫婦倆一輩子都不再回鄉，因為受的打擊太大了。

沒有人做過統計，這樣永別香港的孩子到底有多少。

淡水湖改變了大埔墟

站在花崗石堤壩上，背面是八仙嶺，眼前是馬鞍山，左右都是水——左邊是淡水，右邊是海水。左右輪番多看了幾次，就可能感覺有點不平衡。放心，不是你本人有平衡問題，而是堤壩左邊的水平綫比右邊高，顏色也不盡相同——這兒就是船灣淡水湖。【見圖67】

在我眼中，要選香港十大美景，這兒應該名列前茅。對，這兒收攬了吐露港的波光、八仙嶺的奇峻和馬鞍山的挺拔，而山巒圍繞的淡水湖引得一代又一代的港督抒發懷鄉之情，把它比作英國著名的湖區。可是我如此抬舉淡水湖，主要原因不是這些，而是因為這地方充滿了當年的香港本色。【見圖68、69】

港英政府自從19世紀成立以來，一直面對水荒，旱災時居民排長隊等取水的情況決不罕見，輔政司駱克稱之為water famine（食水饑荒）。到了20世紀，人口不斷激增，問題更成了燃眉之急，而水庫一直是唯一的對策。要解決水荒是很實際的事，但解決方法卻又同時造就了一般市民能享受的休閒區，一舉兩得，是香港建水庫百多年的傳統。另一個傳統，是選址都在山谷，從歷史最早的薄扶林水塘（1860年代），到規模較大的城門銀禧水塘（1930年代）都是如此，以附近山巒為集水區，工程在陸地進行。其實這個傳統是從英國本土移植過來的——港英政府是個殖民政府，有意思的是他們沒有刻意殖「民」，而是殖下政策和辦事的傳統。

與別不同的水庫

大埔淡水湖最特出的一點，就是它擺脱了在香港已經實行一個世紀的英國水庫建設傳統。1959年，當時的水務監督 T.O. Morgan（毛瑾）橫空出世，在地圖上的船灣海面畫下三條直綫，決定要以鋼筋三合土把港灣圍起來，換海水為淡水。這個劃時代的構思為香港拿了兩個全球第一：第一個建在海中的水庫，也是當年世界上面積最大的水庫；但我認為更重要的一點，是這個計劃建基於香港的地理環境，並無先例，是個香港始創的傳統。

地圖上那三條直綫就是淡水湖的三條堤壩：主壩連接大尾篤和白沙頭島（從前大美督叫做大尾篤，大概是形容地形，隨著1980年代人氣大升，名字也「美」化了），南壩連接白沙頭島和東頭洲，北壩連接東頭洲和伯公咀。在大美督到鹿頸的沿岸山坡上，也因水庫關係而修築了良好的公路。

這三壩一路是淡水湖的界綫，也形成了香港最龐大的假日休閒區，後來建成的萬宜水庫雖然儲水量更大，但面積和郊遊的吸引力還是比不上淡水湖：八仙嶺（特別是仙姑峰）、新娘潭和照鏡潭等名字深入人心，是香港人成長經驗的一部份。

淡水湖堤壩的建築工程從1960年開展，1967年主壩完工，到1973年加高主壩以增加儲水量，這十多年橫跨我從幼童到高中的歲月。記得淡水湖開始施工的時候，市內傳出很多謠言，説每逢大工程都會找小孩埋在堤下做壩躉，區內有小孩的人家一定要份外小心，因為有很多拐子佬出沒；我們的家傭彩姐天天用這個來嚇唬我，結果要我爸爸動口制止，說她迷信。到了1970年代做第二輪的工程，什麼謠言也沒有了；香港1960年代經常水荒，大家經歷過四天供水一次，每次只有四小時的「樓上/下關水喉」日子，巴不得到處都有這樣的建設。

可是淡水湖對大埔居民的影響，不能光以歲月、美景和儲水量衡量。我們可以說，這項龐大的工程不但讓大埔墟改頭換面，連居民的生活現實和心理狀態也因而起了歷史性的變化。

吐露港填海

我們一般認為水庫是建設，對吧？但在「建」以前，卻先要「毀」，不管是蘇格蘭或英格蘭的山區還是香港的郊區，選定為水庫的地方總有原來的鄉村，住在這些村子的人，不管是否樂意，都得遷往別的地方，大多數也因此犧牲了原來的生活模式。英國著名小說家 Hilary Mantel（曼特爾）就說過，她祖母老家的整條村子淹沒在水底——這不是罕有的故事。

香港建水庫一直有遷村的例子，日軍佔領香港之前，慣例是由政府為村民在別的地方覓地，重建整條村子，希望讓村民維持自給自足的務農生活。例如1924年建石梨貝水塘，牽涉一條村子；1928年策劃城門水塘，牽涉城門谷八條村子，共850名村民，都是分別遷往新界其他務農的地區，由政府協助重建村落。

但在第二次世界大戰結束之後，情況起了變化。一來，以農業為生計愈來愈困難，同時小型工業又開始發展了；二來，村民看到以往把村子插針似地「移植」到別的地區，引來不少問題，沒有優良的耕地不說，「移植村」和本來已有的村子也很多爭執。這樣的背景，讓面對遷村的居民開始改變以往的想法。1956年建大欖涌水塘時，只牽涉一條村子，大多數村民同意遷徙到市區，放棄務農的傳統，就是個好例子。1959至1960年石壁水塘興建前，當地村民也多半自願搬到位於新工業區荃灣的補償樓房，放棄原居民的身份。從那時開始，這種五層高的唐樓基本上成了新的補償模式，船灣淡水湖和西貢萬宜水庫涉及的村子也都採用這個做法。

大埔墟是最靠近淡水湖的市鎮，因此在港府計劃中是興建補償屋理所當然的地點。問題是大埔平地極少，哪來可以容納幾百層補償樓房的空間呢？

答案一如既往：填。可是這次的選擇跟以往大埔擴展很不一樣，從前填的是魚塘和菜田，這次填的是吐露港。這一「填」，是改變大埔墟面貌的頭一步：以往以「填」供地，總是以廣福道為界限，因此從大埔滘至大埔墟北部的廣福道一直是沿海公路，進入大埔墟前的路段更是緞帶似的堤岸，左右都是海灣。1960年代的吐露港填海走出了頭一步，往後愈填愈多，大埔墟的沿海公路也就成為歷史了。【見圖70】

六鄉遷村

為興建淡水湖而需要遷徙的村落有七條，分別是金竹排、大滘、小滘、涌背、涌尾、橫嶺頭和三門仔。其中唯一能維持原來生活方式的，是漁民村三門仔——村民全體遷往現在改名為三門仔的小港灣。其他六條村子後來通稱「六鄉」，都是姓李或姓王的客家村子，總共145戶，有一千七百多人；這是香港建水庫最大規模的搬遷。1966年

11月，他們由香港政府安排車、船和搬運人員，又因為大滘、小滘等村子完全不通車，甚至要出動英軍的海軍登陸艇，在大埔理民府的職員協助下，村民全部遷往新建的市區房子。【見圖71】

上文說到，港府因為大埔墟是最靠近淡水湖的市鎮，因此決定把需要安置的村落遷往大埔。可是論人文環境，這六條位於船灣的鄉村和大埔本來沒有密切關係，研究新界鄉村歷史的學者指出，他們多半是烏蛟騰村的分支，祖先祠堂在烏蛟騰，直到1950年代，他們的族群關係和網絡都在沙頭角墟，而不是大埔墟。英國接管新界以前，這些村子屬於沙頭角十約的南沙洞，駱克的新界報告書也有說明。要是我們拿出地圖一看，就會明白在沒有公路的年代，從船灣走路到大埔墟是很艱難的。從大埔墟通往汀角的馬路（即現在的汀角路）在1959年才建成，還要等到1962年才通車到大尾篤，在那以前，船灣一帶的村民要趁墟，最方便的做法是走山徑到烏蛟騰，再沿山路或乘船到沙頭角。雖然1950年代沙頭角演變為禁區，村民開始要到大埔墟購物，但這跟世代相傳的歸屬感無關。【見圖72】

知道了這六條村子的歷史，就更能想像村民當年面對遷徙，心裏有多彷徨：他們失去的不光是先輩創建的村落和開墾的田地，不光是一代傳一代的務農生活，還有二百多年的社區和人際關係。他們個別的村名沒有了，取而代之的是「六鄉」。據當年學者向村民調查，他們本來並沒有六鄉這個集體名堂，那是港府為了遷村而起的名字。

從港府的角度看，他們給村民的補償相當大方：吐露港填海區新建13棟長排型的五層高房子，每排四至八幢樓梯，每層一梯兩戶，每個住宅單位700平方英呎，地面一層全是店舖，除了店面還有閣樓和露天工作間，此外還有休憩設施和一所鄉村小學。六條村子中每名16歲或以上的男丁可以獲得一層住宅，每戶有村屋的人家也得到一間店舖，我還聽說男丁少的人家，母親和女兒會共同得到一層住宅（包括我們後來的房東，他們家只有兩個女兒）。此外，損失的農作物和果樹以現金作一次性的賠償。

為什麼說港府認為補償很大方呢？以一家四口算，如果組成家庭的是父、母、一女一子，父親和兒子各得一層住宅，另外還有一家店舖，也就是說這戶人家擁有三宗產業，他們只住一層住宅，餘下的就是可以出租的資產了。村民失去了田地，租金就成了他們的新資源。就這樣，大埔忽然出現了很多來自農村的市區業主。

廣福道六鄉里這個新區，不但改變了這些村民的生活，也讓原來住在大埔墟的人有了新的選擇，市中心區那幾百戶住宅吸引了很多小家庭（我家也是其中之一），而百間新店舖則為想做小生意的人提供了絕好的良機。這樣說，六鄉遷村是好事了？

斷根之痛

為了淡水湖而遷居的六鄉村民，本來並不願意搬到市區，他們要求政府擇地重建村落，維持原有的生活方式，但終於不成功。他們是客家人，大埔墟講的是廣東話，光是語言已經不習慣。更大的問題是如何建立新的生活方式：他們一輩子務農，有空就在海灣採海產，全是體力勞動，一天沒多少空檔，現在忽然成了業主，物質生活可以說是豐裕了，卻失掉了天空海闊的感覺。讓他們最傷腦筋的是：時間怎麼打發呢？

1968年，也就是他們遷居後一年，崇基學院的社會學系在「六鄉」做了一次調查，詢問村民有關遷徙後的生活如何，當時有一半人表示寧願恢復鄉村生活。孩子和年輕人很快學會了廣東話，但成年人一直面對語言隔閡，社交圈子圍繞著六鄉。調查發現男人做了業主，收入不成問題，卻終日無聊，除了埋頭麻將、天九、賭馬、看電影，就是和同樣有閒的六鄉朋友到酒家吃飯。大埔墟幾十年前就開了有規模的麻將館，原因大概就在這裏。遷居後的女人整天在家，成為持家的主角，但她們很多都不識字，在一粒米、一條蔥都得外出去買的新環境，感到壓力很大，也很孤獨。

上面所說的結論，我們家的經歷可以作佐證。我們1967年遷進六鄉里的新房子，房東姓王，就住在我們樓上。我們雖然不會說客家話，但因為爸爸有不少客家朋友，所以他和媽媽都能聽懂一點，我們的房東太太高興得不得了，後來知道我母親姓黃，乾脆把她叫做妹妹，說同音也算是同姓三分親。我那時還小，覺得這說法好奇怪，過了幾十年才明白，王太太多渴望能在新環境裏建立可靠的人際關係。有時候她和同鄉太太坐在樓梯旁電錶房外聊天，看到我下樓，就高聲提點說：「妹豬，落水囖！（阿女，落雨呀！）」這成了我最熟悉的客家話。

客家婦女以勤勞見稱，我們遷進新居後一年左右，就聽到樓上常常有小錘子打在甚麼東西上的聲音。原來六鄉的婦女發現了有些大埔工廠可以做外判的件工，紛紛把麻袋裝著的東西抬回家。1960年代的香港是塑料天下，王太太拿回家的活計多半就是塑膠花。她有兩個女兒，十六、十七歲，母女三人對工作很投入——這扇門讓她們踏足新世界，成了工商社會的一員，不再是局外人了。社會轉型期間，女性往往比男性適應得更快，六鄉不少家庭都是例子。

此消彼長

淡水湖遷村帶動了大埔墟的商業和住宅房產，也把一大片原來疏離的農村地區變為大埔的外郊；而為了淡水湖而修築的道路，更鞏固了它作為新界東交通樞紐的地位。還有一點很重要，就是在颱風期間，新填海區成了屏障，大埔墟中心區不再那麼容易遭受水災。這麼說，大埔墟應該算是興建淡水湖的得益者了。

凡事有正必有反，那麼興建淡水湖對誰的打擊最厲害呢？撇開船灣沿岸要遷居的村子不說，其實所有位於八仙嶺和九龍山山腳的鄉村都受到極大影響。要是你愛郊遊，一定曾在八仙嶺郊野公園遇到不少荒村，其中像上苗田、下苗田、九擔租等等，光看名字就知道村民當年以種稻米為主；汀角路沿綫從鳳園到大美督，本來也都是水源充足的田地。但淡水湖建成後短短兩三年，所有這些鄉村的耕地都變得極乾旱，完全不能種稻米，連蔬菜也長不好。原因在哪兒呢？【見圖73】

每個水庫都需要集水區，否則堤壩等於白建了。水庫愈大，集水區也愈大，淡水湖當年既然是全球最大的水庫，那集水區的範圍自然非常龐大了：整個八仙嶺山脈和九龍山山脈都包括在內，也不光是面向大埔那一邊，八仙嶺西北面的水源也引流過來，1968年完成的鶴藪水塘就是這個系統的一部份，那兒有地下水管把水輸進淡水湖。

香港政府在淡水湖興建期間，曾經向區內的村民保證不會影響農耕，還特別說明鶴藪水塘就是為了供應農地灌溉而建的，但從後來的事實看，並非完全是那樣，鶴藪水塘也分流到淡水湖。雖説到了1960年代，東南亞廉價大米進口香港，新界整體面對農業衰退，但淡水湖明顯加劇了務農無法維生的情況，大埔的農村經濟在很短時間內就失去了立足之地，年輕人離家到工廠或建築地盤謀生，或者乾脆離開香港。英國政府在1948年為了舒緩勞工短缺，讓整個英帝國的公民享有自由在英國工作的待遇，因此當時新界原居民拿著英籍護照，就有權在英國居留和工作。

1960年代起，英國各大小城市的華人餐廳和外賣館子猶如雨後春筍，數目比意大利和印度館子多出好幾倍，成了非傳統餐飲業的冠軍，當時英國國民有31%到過餐館吃中菜，而意大利和印度館子的普及程度只有8%和5%。據英國政府1967年的統計，中式餐館和外賣店超過一千家，到了1980年，數目更超出三千五百家。新界移民打破了英國人保守的飲食習慣，為外來餐飲在不列顛落地生根寫下歷史性的一頁——這既是英國文化史，也是香港歷史。

時至今日，當年的農村移民潮還反映在大埔本土人的經歷中：我在本區坐計程車，常碰到司機説起自己到英國打工的事，也有大廈管理員説曾在英國餐館工作很多年，環保食物店的東主更有趣了，除了説起十多年的英國生涯，還自豪地説外甥正在Eton唸書，跟王孫是校友。當年農村人被貶稱為鄉下佬，事實上，他們建立國際關係遠比其他香港人早，而淡水湖是促成他們離鄉別井的一個原因。

圖 67 | 淡水湖的主霸現在是個遊樂區。

圖 68 | 淡水湖旁的八仙嶺。

圖 69｜吐露港另一端就是馬鞍山。

圖 70｜ © Hong Kong Heritage Project
攝於1960年代初，從大埔墟望向汀角路，圖中建築物是從前的太平地毯廠（現在的太平工業大廈）。要是現在站在同一地點，除了樓房，什麼也看不見了。

圖 71 ｜今天的三門仔漁村。

圖 72 ｜沒有馬路的時代，村民購物後用擔挑挑著物資走路回家。

圖 73 ｜ © Hugh Baker
在八仙嶺下的村莊原來都可以種稻米，建了水庫之後，環境完全改變了。

歷史時空

不一樣的原鄉人

上文説到，港府興建淡水湖，直接帶動了大埔附近農村居民到英國尋找出路的潮流；而讓這個潮流迅速成長的，正是一個來自淡水湖附近鄉村的原居民。他所起的作用那麼大，以至有學者稱他為大埔的「移民之父」——他的名字叫「黃源章」。

黃源章的祖籍是大美督，可以説位於淡水湖的大門。1960年代，淡水湖工程開展的時候，一般村民還是過著簡樸的農家生活，但黃源章卻不一樣。他很年輕時就離開香港，在英國和美國工作，多年後從荷里活返回香港，在大埔創辦旅行社，專門經營往英國的包機服務。

圖74｜1980年代的大美督。

在那年代，一般的飛機票價錢高昂，有了包機的廉宜機票，村民想到英國謀生就有現成的門路了。而黃源章所鋪的路並不限於此：他還可以運用在英國的關係網，為初次離鄉背井的村民安排在不同城市的餐館工作，因此當時到英國去的香港移民有個特點，八成在出發前已經受僱於當地中餐館。1960至1970年代，大埔極流行「去英國洗大餅(在餐館洗碗碟)」的說法，正是「黃源章效應」。無獨有偶，1990年代大批波蘭人以歐盟公民的身份到英國工作，同樣也說是去洗大餅。

這位我從小稱為黃Uncle的大美督村代表，除了服務移民之外，還有許多與眾不同的地方。首先是說得一口極流暢的英語，也熟悉西方的社交禮節，這在1960年代的新界是極少有的。他與港府最高層的官員周旋和談判時，自然比別的鄉紳佔便宜了；他能連任新界鄉議局主席或第一副主席十多年，這應該是個重要因素。黃源章的另一特點是心直口快，不拘泥於傳統，更不怕挑戰傳統，常被保守派說他是「鬼佬性格」。他的性情就像他心愛的平治跑車——要快，要好。當年的新界鄉紳對非原居民或多或少還是「見外」的，我父親工餘在社區服務，對此不無感受。但黃源章卻力排眾議，真的只看幹才，不分內外，更不怕其他鄉紳說他抬舉「外來人」。

新界鄉議局是代表原居民的組織，但原居民並非一個模子倒出來的，各有背景和個性，對事情的看法也可以南轅北轍，在香港的動蕩時期尤其如此。1967年暴動期間，新界的鄉事勢力就明顯地各有不同取向，有些鼓勵子弟戴著毛章去上學，在課堂上謾罵，挑戰老師；有些本來與新界理民官關係極好的，忽然翻臉割席；而黃源章卻以鄉議局主席的身份挺身而出，支持港府，被左派痛罵為「黃皮狗」，在刺殺名單上名列前茅。（暴動時期，本港左派稱外籍官員為「白皮豬」，而支持港府政策的華人則是「黃皮狗」。）這可不是說著玩的，當年香港商業電台的林彬被殺就是例子。

新界鄉議局一次會議之前，忽然接到電話通風報訊，說主席座位下放了「菠蘿」；警察到場，發現真的有土製炸彈。港英政府體會到黃源章可能面對的危險，決定給他特許的手槍執照。我們後來知道了，都說黃 Uncle 奉旨攜帶武器。

在黃源章看來，凡有違反大原則的事情，不能坐視不理，即使要在老虎身上拔毛，也不畏懼。當他在鄉政圈中冒出頭角的時候，曾經有人倡議在新界開設賽狗場，以帶動經濟發展，他認為不但會破壞新界民風，更會影響治安，於是以大埔鄉事會主席的名義領頭反對，在報章上刊登大幅告示。現在回想起來，我覺得他的性情真有點像中國史書上描寫的「俠」。

圖75 ｜ © 大埔體育會
左起馬世安、黃源章，接受錦旗者為鍾逸傑。

K C R

九廣鐵路與大埔墟

大埔區第一個火車站叫什麼名字？位於大埔什麼地方？

要是你認准了這是刁鑽問題，因此答案肯定不是現在位於崇德街的火車博物館，名字也肯定不是「大埔墟火車站」，那麼你就猜對了。

大埔區內第一個正式的火車站叫做「大埔站」，靠近大埔尾海邊，在1910年10月1日啟用。為什麼會選中這個地方？要看下文分解。

鐵路與新界交通

英國租借新界以前，這兒和中國大陸的農村一樣，沒有公路，也沒有鐵路，唯一優勝的是有港灣可以運貨，但一般居民日常生活的範圍就限制於雙腿能走多遠。港英政府拓界之後，最大的基建工程正是交通，東有大埔道（1899年動工，1902年初步通車），西有青山道（1911年動工，1920年才全綫通車），把被視為「鄉」的新界和被視為「城」的九龍串連起來。儘管如此，對一般居民來說，「出城」還是費時又費錢的事；至於沒有公路連接的地方，更不在話下。舉個例子，即使到了1935年，剛出任新界南約理民府官的 John Barrow 還說，當時長洲居民幾乎不知有西貢，元朗則只是聽過名字而已，原因很簡單：交通阻隔，大家的生活圈不一樣，即使老死不相往來也不覺得有所欠缺。

與南約相比，新界北約佔了便宜，原因是除了公路之外，還有1910年通車的九廣鐵路。可是這個便宜不是必然的，因為開始籌劃鐵路的時候，港府同時研究兩條路綫，東綫走沙田、大埔、粉嶺北上，到深圳河邊界；西綫走荃灣、青山（屯門）到元朗，再接上粉嶺到邊界。當時大埔已經有通往九龍的公路，而青山公路尚未動工，因此如果採用西綫，港府可以說是平衡發展。西綫約33英里，東綫路程短，只要21英里，但有個天然障礙——石質極堅硬的筆架山。要是當年決定捨難取易，新界的歷史就會改寫了。

九廣鐵路採用東綫，也改寫了大埔公路的歷史。大埔公路籌劃之時，不僅是為了連接新界和市區，港府準備把它作為通往中國的幹綫，從粉嶺直通到深圳。在20世紀初這條路通車以前，要從九龍到大埔只有兩個走法：一是水路，從維多利亞港到吐露港，得四個多小時；二是山路，從九龍攀山過沙田坳，再沿著山徑到大埔，非常吃力，因此從沙田通往大埔坳的十字路口有個茶水茅亭，附近一條獨家村就賴此為生。不管是水路還是山徑，對運送某些貨品——例如供應市區的牲口——都非常不便，因此港府在1899年建路時指出，有了這條公路，方便從中國大陸和新界北運送牛和豬到市區。可是隨著九廣鐵路通車，這樣的貨運有了更便捷的方式，而大埔公路要到1920年代才鋪柏油路面，難免相形見拙，因此從粉嶺到邊界的路段也就沒有成事了。

九廣鐵路是國際綫

這條連接香港和大陸的鐵路到底是叫做九廣鐵路還是廣九鐵路呢？其實都對。1898年港英政府和中國清朝成功協議，要興建連接兩地的鐵路，就同時有這兩個名字了：建築工程在兩地分別進行，深圳河以北的是「廣九鐵路華段」，由渣甸洋行和滙豐銀行合組公司在英國發債券籌款，因為英國是火車發源地，在這方面經驗老到；港英政府負責的是「九廣鐵路英段」，由政府出資。英段因為有可靠的資金來源，加上新任港督 Mathew Nathan（彌敦）大力推動（他有工程師背景，因此看重基建，修築彌敦道就是他的主意），1906年就動工了，第一個地盤正是大埔和粉嶺之間的路段，不必修隧道，也不必築海隄，工程相對簡單。至於華段，要等在英國發債成功，到1909年才動工。按1898年的中英協議，鐵路建成後由英方安排專營權。

可別以為興建鐵路必定是為了方便本地居民，其實當時的主要考慮離不開國勢和生意經。早在19世紀中期，在印度發展鐵路系統的一位英國工程師就提議，應在香港建鐵路連接中國，但當時經營南中國航運的英商知道這會搶去他們的生意，於是群起而攻，鐵路計劃終於不了了之。為什麼到了1898年又能成事呢？那就跟租借新界一樣，是因為法國佔了廣州灣，英國怕世仇搶去南中國的貿易，要以跨境鐵路來鞏固香港作為貿易中心的地位。1904年，九廣鐵路籌劃之初，港府做過貿易統計，估計大埔與深圳之間的貨運量每日約有三萬五千擔，要是運費每擔收20仙，那麼鐵路公司每天在這單項的平均收入就有1,500元，不會是賠本生意。

這條鐵路的英段比華段早了差不多三年動工，卻只是早一年完成，原因是筆架山隧道的工程極為艱巨，不單令建築費爆升，而且賠上50個修鐵路工人的性命。在世界各地，修鐵路都是「要命」的工程，香港也不例外；我們今天得到的方便，是過去一個多世紀很多人付出血汗和生命換來的。

英段在1910年10月1日通車，設有六個車站，分別是九龍（在紅磡而非尖沙咀）、油麻地、沙田、大埔、大埔墟旗站和粉嶺。這個大埔墟旗站就是後來的大埔墟火車站，起初只是訊號站，到了1910年11月才對客貨開放。當時的火車站跟現在想像的很不一樣，因為通車的時候，所有車站建築物都還未完成，鐵道旁自然也沒有圍欄，只有空蕩蕩的月台；連1916年才通車的總站尖沙咀也只有臨時建築。【見圖76–81】

英段通車初年，基本上對本地交通和運輸沒有什麼巨大影響，因為貨運走水路更便宜，而一般居民覺得火車票費高昂，不是輕易能負擔的。可是到了1911年華段也通車，情況就不一樣了。及後香港各車站的建築物都完成了，尖沙咀總站尤其堂皇。從尖沙咀到廣州的車程不過四小時半，到了1930年代，更增設了兩輛不停站的豪華車「大埔淑女」和「廣州淑女」，在1936年曾經創下兩小時十五分的高速紀錄，非常吸引乘客。（豪華車取名「大埔淑女」，而不是九龍或油麻地淑女，足見當時鐵路公司認為大埔有特出的賣點。）九廣鐵路從開始構思就是國際路綫，因此集中發展中港兩地的貨運和客運，並不依賴本地的短途乘客。【見圖82】

既然九廣鐵路公司的目光往北看，日本侵華對它自然是個大打擊，特別是香港淪陷，日治期間香港的火車頭都被日軍運到大陸使用，連淑女列車也不例外，豪華裝置都被拆掉。1945年日本戰敗投降之後，港府還得從大陸各處運回原來屬於香港的火車頭，維修後才能運作。從這時起的十年間，可以說是九廣鐵路發揮本地作用的衝刺期，因為大陸難民潮不斷湧入，新界人口膨脹，對各種交通工具的需求與時俱增。到了1949年，大陸政權易主，九廣鐵路客運不能再直通，甚至連貨運的直通車也曾經受阻，鐵路公司審時度勢，不能不改變觀點，轉而看重本地的運輸需求。神州變色在新界帶來的轉變遠不限於運輸：英國租借新界之後，本地農業並沒有像港府想像那樣，改變市場定位，馬上改種蔬菜供應港九，而放棄種稻米供應深圳墟地區的悠久傳統；這個過程很漫長，而中國與香港以往暢順的交通在1949年底切斷，是決定性的一頁。

九廣鐵路在20世紀初始創，用的自然是燒煤的蒸汽火車頭，現在物以罕為貴，大家視為寶貝。蒸汽火車頭鳴起汽笛，冒著白煙，從遠處看真的很吸引，坐在火車上卻有點問題：煤煙從車頭噴出，隨風散播，免不了吹進車廂；在空曠地方行車時還好，一進入隧道就糟糕了，列車等於在煤屑管道中行走，於是有經驗的乘客紛紛在未到隧道之前起來關窗，成為坐火車一景。到了1955年，柴油火車頭開始在九港鐵路服務，可是關窗的習慣還未能改，因為當時還以蒸汽車頭為主，要到1966年才全部被柴油火車頭取代。即使如此，我記得小時候坐火車有不少人在進入隧道前站起來關窗，一來是習性，二來也合理：柴油煙也是污染物嘛。【見圖83】

鐵路與大埔發展

在一個鄉村地區之內有兩個火車站，大埔可說是獨一無二。大埔站（後來的大埔滘）比大埔墟站的歷史還要早，今天的讀者也許覺得奇怪，怎麼這個不起眼的角落得到鐵路公司青眼有加呢？其實原因很簡單，因為大埔滘當時是個交通樞紐。吐露港沿岸的村民慣於坐船：從車站走三兩分鐘就是碼頭，不但能輕易到達大埔頭、汀角以至大滘等鄉村，還有蒸汽輪船開往西貢和赤徑等地。1950年代末，來香港服兵役的英國青年坐這渡輪環遊吐露港，印象最深的是在途中各村子的碼頭都有居民帶著活雞活鴨上船下船，可見這航綫的貿易作用。

大埔車站的選址可以說跟尖沙咀一樣，是為了接駁水路交通。可是從1960年代起，大埔區內建成連接鄉村的公路（例如林錦公路和汀角路），而馬料水又建了往西貢方向的渡輪新碼頭，大埔滘失去了交通樞紐的地位，加上不熟悉新界的人坐火車旅遊時，常把大埔站和大埔墟站弄混了，下了車才知道出錯，於是大埔站終於在1966年改名為「大埔滘車站」。【見圖84、85】

至於大埔墟車站，雖然晚了一個月才啓用，但它是訊號站，在單軌雙向行車的年代，顯然有不能取代的角色。當年車站職員要提早關窗停止售票，因為一身兼數職，還得跑到月台與列車司機交籐圈，然後再吹哨子舉旗開車。

當時大埔的太和市每天都營業，已經成為新界的主要貿易市場。除了墟市的攤檔，還有幾十家商店，港府又積極在附近用「填」的方式增加商業和住宅土地，因此大埔墟火車站和市鎮發展有互相推動的作用。可以這麼說：港英政府拓界之後，在「新市鎮」這個名詞遠遠未出現以前，就在大埔墟推動雛形的新市鎮了。

隨著時間推移，鐵路對本地人的生活在各方面都開始產生影響。比如說，通車之初，駐新界的英軍和警察往來市區就得到前所未有的方便。隨著人口不斷增加，還有海外廉價農產品的衝擊，新界社會的性質也起了變化，鄉民大量移民海外，務農已經不是新界居民的主要行業。人類學者在1960年代到客家村子做調查，發現過往男性離家後，由女性填補田間勞動力的做法已經改變，鄉村少女都選擇到工廠工作，最受歡迎的是九龍區的製衣廠。任職工商界的人固然都要到市區上班，而新界中學學位很缺乏，名氣又不如市區的名校，因此大部份家長都不介意讓子女每天花個多兩個小時往來市區，因此本地上班上學的乘客成了九廣鐵路最固定的客源。

可是最重要的影響往往是無形的：從中國文化發展的角度來看，20世紀初的香港是邊陲地區，步伐比文化前綫慢，這在新文化運動時期特別明顯，古文在這兒受支持的程度比在內地強，而讓香港與大陸文化前綫接軌的，正是九廣鐵路——白話文學書報的運輸帶。魯迅1927年在香港公開講演，就大聲疾呼：「一是抱著古文而死掉，一是捨掉古文而生存。」

紙上宏圖

1970年代香港政府在大埔建成全港第一個工業邨，曾經有過以大埔為鐵路中心的宏圖大計：從大埔墟站興建支綫，通往大埔工業邨，然後經梅樹坑和林村谷到達元朗和屯門，用這個方法連貫新界東西兩部份。要是這個一面倒的方案真的實行，大埔和附近的鄉村必然被迫遭受極度污染的工業化，還不知要建成多少人口密集的插針式高樓住宅，無可救藥，大概只有指望換地權益的人會喜上眉梢。這個計劃直到1980年代初還似乎勢在必行，證據是：嘉道理家族在汀角路原來太平地氈廠的位置建成新式工業大樓時，在報上刊登大幅廣告，強調那是「未來鐵路站」。

據說這個大埔鐵路支綫計劃還包括另一條分支：延伸至大美督附近，再通過跨海大橋接上馬鞍山腳下的烏溪沙。怎麼這樣優待只有青年營和小村子的鄉郊呢？當然不是為了方便市民周末去逛沙灘，而是考慮在這個海域建貨櫃碼頭。

喜愛大埔的居民運氣好，這個「條條鐵路通大埔」的計劃終於被取締了，我們居住的地方沒有演變為大型工廠區兼貨櫃碼頭；儘管20世紀在大埔留下很深的足印，但這兒的秀水靈山當年沒有完全糟蹋掉。誰能料到今時今日又來一劫，政府剷除大埔市肺，插針式地建高樓？

鐵路建築和沿綫土地

九廣鐵路通車時，各車站的建築物都還沒有動工，大家可能沒想到鐵路公司會為此花上不少成本和心力，讓車站各具特色，尤其以大埔墟車站最有風味。這個車站在1913年建成，採用新界傳統鄉村建築藝術，做工精細考究，相對於尖沙咀總站的歐洲豪華氣派，還有大埔滘站的殖民地式建築，顯得特別有意思，可以說是香港中西文化互不侵犯的例子，也是港英時期發揚新界風俗的實例，現在成為博物館，再恰當不過了。【見圖86、87】

說到九廣鐵路的車站特色，不能不提旺角車站（即現時港鐵旺角東站）；倒不是車站本身吸引，坦白說，除了小吃檔背靠著的黑鐵柵，我已經忘了車站的模樣，可是從亞皆老街走上旺角站，有一列兩層高的小房子沿著斜路建築，這樣的排屋不論在市區或新界都少見，反而在英國的古老工業城市有類似的工人住宅區。那兒是九廣鐵路的員工宿舍，據說職級要到 Foreman（工頭）才有資格入住。當年這個地方是名副其實的「旺中帶靜」，因此很吃香。

鐵路公司提供宿舍，當然不限於工頭，站長的寓所更讓人羨慕。到了現在，這些物業似乎只餘下沙田和大埔兩家沒有拆掉，而大埔那家還屬於鐵路公司，用作員工俱樂部，因為失修而看來很滄桑。它站在車站對面的半山上，看來是典型的1920年代初建築，和當年大埔很多別墅相似，只是天台正面有根旗杆，想來曾經是鐵路徽章飄揚的地方。

蒸汽年代的鐵路公司需要很多級別低的員工，沒有宿舍，可是卻有一個很巧妙的安排，讓他們得益，公司也有好處。我從小就看見鐵路旁都是種植瓜果青菜的小耕地，總以為是村民的田地，卻原來港府撥地興建鐵路時，把路軌旁的地也交給鐵路公司管理。當年的路軌旁完全沒有欄杆，如何避免不相干的人跑到路軌上遊蕩呢？鐵路公司想到的辦法是個英國傳統：allotments。沿綫土地劃作員工的自耕地，他們和家人得到好處，又間接免費看管路軌，可不是一舉兩得？隨著年月過去，自耕地上出現了棚屋，然後是小平房，後來更有兩層高的房子。到了1970年代，鐵路雙軌工程開展，政府收回路軌旁的土地，還得安置住在那兒的人。

我的鐵路記憶

一個和暖的冬日下午，悠揚的笛子聲把我引上了火車博物館。館前的大榕樹下，中樂團在舉行午間音樂會。讓我駐足的，除了在微風中跳躍的歡快旋律之外，還有我和這地方超過半世紀的緣份。

據外婆說，我還在搖搖學步的時候，她最愛帶我到這兒看榕樹下的小雞，不厭其煩地「一、二、三、四……」教我數；從此，那些黃色絨毛球似的小雞就在我夢中滾來滾去，為我不可能記得的「回憶」作見證。

我能記得的是：站在售票窗前，踮著腳尖把錢幣放進那黃銅兜裏，車站售票員要探頭往前才能看見我的頭，然後我還得高聲嚷道：「九龍——小童！」這是母親訓練我們自立的頭一課。現在小孩上這種課的地點大概都是快餐店，我比較幸運，沾了點「四、五歲出門遠行」的豪氣。

上了車，我們把木椅子的椅背調好，一家人面對面坐著，母親就開始成語接龍的遊戲。我們經歷了九廣鐵路三、四代的車廂，最懷念的還是這些長條木板椅子，而後期的假皮椅子則最討厭，因為夏天坐在那兒，不到十分鐘就汗流浹背，不管風扇怎麼吹，都不管用。

小時候在車上偶然會碰到有人兜售原子筆和打火機之類的東西，按鐵路章程，那是非法行為；執法的是查票員，他們明白「搵食艱難」，很多時候只是盡責勸諭就算了。在那個年代，非法坐車的人也不少，不買車票，在列車靠站前慢下來的時候就跳下車，從路軌兩旁的空地離開。

到了我唸中學，坐火車「出門遠行」成了日行慣例，每天連帶候車的時間要兩個多小時，還好我已經是小說迷，一書在手，不以為苦。不過，要是不巧錯過了一班車，就要等差不多一個鐘頭，會不會感到喪氣呢？其實沒什麼。我們這些中學小女生都是機會主義者，而火車站旁有的是「機會」，比如旺角車站的攤檔主打小吃是咖喱魷魚和魚蛋，尖沙咀車站則有鐵路餐廳，可以吃鐵路粥；要不然，就在書報檔買一大排巧克力，到女廁外面的化妝間，坐在殘舊的紅絲絨沙發上看歷史小說，偶然想像半個世紀多以前，這兒有多少「頭等」淑女在簇新的鏡子前整妝。

運氣好的話，趕上了列車，在車上也有「機會」，因為可能遇到一位「賣命」的人：這位小販拿著大鐵盆，盛著紅紅黃黃的麵筋，口裏喊著：「要『命』就來，不來就沒『命』！」饞嘴的只好跟著他走，不久就形成十來人的搖擺隊伍，到小販停下來，一手交錢，一手領「命」。

我那色彩繽紛的鐵路史到了1974年遇上休止符。那時鐵路展開雙軌工程，往往影響行車時間表，同時有了海底隧道，坐巴士在九龍塘換車，可以直達香港大學，我和火車不免疏遠了。到1983年從英國回港，往昔的大埔墟火車站已經關上了門。

圖76—81｜© 周綺華
九廣鐵路最初六個車站的站牌，現在安放在大埔火車博物館地上。電腦造字以前，所有招牌都是書法家手寫，這些站牌也不例外，是香港文化雙重意義的遺產。

圖82｜九廣鐵路創辦時的徽號，1910年沿用至1945年，經歷火車被日軍劫往大陸的日治時期。

圖83｜香港第一輛柴油火車頭「Sir Alexander」(葛量洪爵士號)，它的伴侶是「Lady Maurine」(慕蓮夫人號)。

圖84｜© 周綺華
今天的水警碼頭在當年吐露港水路交通扮演重要角色，但因為吐露港幹綫和鐵路雙軌工程多番填海，碼頭縮短了。

圖 85 ｜ © Bruce Deadman。由 Andrew Suddaby 提供
1958 年從大埔滘火車站望向碼頭。

圖 86 ｜ 1913 年建成的大埔墟火車站充份發揮華南鄉村建築風格。

圖 87 ｜位於大埔綜合政府大樓後面的火車橋，歷史比大埔墟火車站還早。

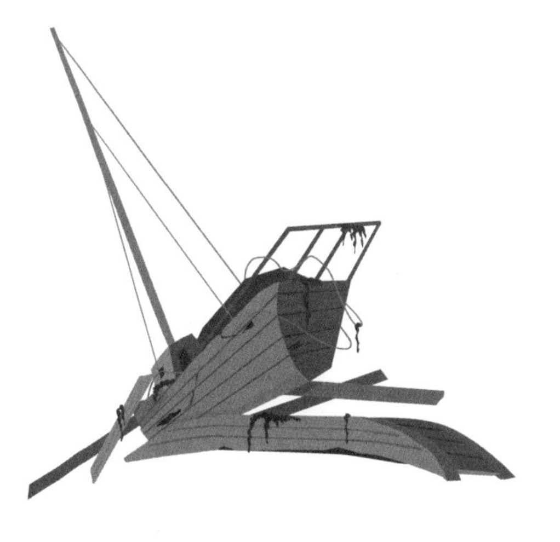

風風火火的回憶

2018年的颱風山竹，為香港集體記憶帶來一個新的座標。常聽人說香港是個幸運的地方，沒有太多天然災難。我們當然不比日本和台灣，處於地震帶上，但要是回顧過去，很多影響本地的天災比山竹破壞力更大，死傷的人數比山竹時高出數十倍以至百倍，原因不一定是它們本身威力強勁，同時也要看當時的環境和建築物處於什麼狀態。其實香港近四十年相對地平安，是從前遇上天災後加強建設的成果。

劃時代的災難會改變整座城市的面貌和規劃：1953年石硤尾木屋區大火和1972年秀茂坪臨屋區山泥傾瀉是最佳例子。住在高尚住宅區的人也不一定可以身免：1972年6月18日山泥傾瀉時，寶珊道和旭龢道也有驚人的慘劇。當年香港大學的一位講師家住旭龢大廈，她在出事前的晚上忽然覺得情況不對，和丈夫住進了酒店，結果旭龢大廈整座倒塌，他們得以身免，但她一輩子教學用的筆記就此埋在山泥之下。

要是你放眼往昔的大埔墟，同樣會掀起許多風風火火的回憶。

火燒木瓜園

翻查歷史資料，發現1930年代是香港入境人口的分水嶺。在那以前，從中國大陸到香港的人多半只是來找工作，不一定打算長居，但自1930年代起，舉家遷移到香港的人愈來愈多，不少在新界各鄉村的邊緣地方搭起木屋棲身。1937年日本進軍侵華，年年不斷有逃難的人潮從大陸湧進香港，簡陋的木房子也因此數目激增；但說到人口膨脹，還得數1949年大陸解放後那幾年的狂潮：香港各地都有木屋區（現在叫做寮屋），大埔自然不例外，可以說凡有山坡處，必見寮屋戶。【見圖88、89】

木建築容易起火，而當年大多數人日常燒水、做飯靠的是燒柴、燒炭、燒火水，木屋區又怎能不頻頻出事呢？我小時候，大人告誡要防火，往往提起「錦山大火」。記得我唸小學時，冬天下課回家已經相當晚，我獨自吃中飯，家傭彩姐在飯桌上放了一個很小的火水爐，給我溫菜。一次我不小心把它推倒了，彩姐嚇得什麼似的，罵了我十幾分鐘，說：「你不想想木瓜園慘劇！」我當時覺得奇怪：什麼是木瓜園慘劇？我都沒聽說過。她沒好氣地說：「等你爸爸回來，你自己問他。」

到爸爸媽媽回來，彩姐告完了狀，他們才告訴我說，十多年前大埔墟錦山木瓜園有過一場很厲害的大火。可是為什麼在我出生以前發生的火災，會成為本地居民心目中最有代表性的教訓，流傳了十多年呢？我當時沒有得到答案。幾十年後，因為寫這本書，終於找到答案了。

錦山大火在1954年7月14日深夜發生，十四人死亡，八人受傷。論規模，它遠比不上石峽尾大火造成五萬多人無家可歸，也比不上上水石湖墟在1955年和1956年兩度大火，花了八年時間才完成重建；可是這場火在計算傷亡人數的龍虎榜上，卻赫赫有名。火災第二天，很多報章都有報道，《工商日報》稱之為「火警慘劇」，而《大公報》的資料比較多：「大埔禁（錦）山木瓜園火燭，焚斃居民達十四人。淩晨起火，有三戶居民全數罹難，另八人受傷，其中五人傷勢很重。」

相信住在大埔的人對這次大火留下深刻印象，最主要的原因不是死傷人數很高，而是有三個家庭遇上滅門之禍。當時民風淳樸，很多居民都直接或間接認識遇害的人，對「滅門」有很深的個人感受，因此錦山大火和木瓜園慘劇成了那一代大埔居民的集體記憶。換了現在，大家習慣了24小時新聞轟炸，反應可能不一樣了。【見圖90】

木屋火災在大埔當然不止這一樁，正相反，差不多每條本地或客家村子的周邊都搭滿了簡陋的木屋，所以常會因火成禍。這裏説個有特色的例子：大埔公路從大埔滘進入大埔墟那一小段，靠近鐵路那邊有幾排整齊的大麻石房子，有大半世紀的歷史了，稱為「美援新村」。顧名思義，那是由美國經濟援助協會（Care U.S.A.）資助，在1960年代建成的，受惠的是不斷遭風災折磨的漁民。後來與美援新村只隔了一條大埔公路的黃宜凹村發生大火，向大埔理民府申請在這兒增建救災的房子，成了今天的規模。當年受災的是否黃宜凹村邊上的漁民棚屋，現在説不清了，但時至今日，美援新村依然是內聚力極強的村子，主要是漁民後代。【見圖91】

三角地火災

當年錦山算是大埔墟的近郊，木瓜園大火雖然是慘劇，但沒有影響商業活動和市中心的運作。大埔最轟動的火災還得數另一樁：1966年3月11日位於市中心的三角地大火。

今日大埔墟的靖遠街與安富道邊上有個三角形的休憩地方，規模很小，旁邊是小巴車站和的士站，最觸目的是中間的建築物：中國古典形式的電力變壓站。這片不起眼的空間，本地人一直稱為「三角地」，曾經見證數十年的大埔歷史發展。

英國管治新界後的頭十年，港府已經策劃擴建大埔墟，發展新街道，辦法是改農地為商地，而「三角地」就在那時形成。現在靖遠街以南的地方原是魚塘和西洋菜地，政府填平了魚塘，建成懷仁、懷義、南盛等街道。據說「三角地」是魚塘區水最深的地方，因此留作市中心的公眾空間。英國不少小城市都有個叫做「The Triangle」的地方，大埔墟的三角地可說與它們一脈相承。從1920年代起，這兒就是大埔的中心公園；到了1930年代，香港有電台廣播，但不是每個家庭都買得起收音機，大埔理民府就在三角地設立揚聲器，每天黃昏放送電台節目，讓市民聽新聞和其他文娛項目，據說這個做法很得民心。

日治時期是香港發展的大倒退，大埔也不例外，水電供應大受破壞，食物供應短缺，居民逃回中國大陸。第二次世界大戰結束後的頭十年，原來的人口回流，加上新的難民潮，香港人口膨脹，大埔墟三角地從公園搖身一變，成了大牌檔和雜貨攤的集中地。我想那跟規劃無關，只是戰後回流的居民和逃避解放的難民為了謀生，在市中心的空地擺些小攤子，政府明白他們的苦處，不去驅趕，十年八載後，就變得有點理所當然了。本地人和攤子的老闆有了交情，都樂意光顧；三角地七成以上的攤子是大牌檔，最得平民百姓的歡心。

這一切在1966年3月11日的晚上遭受火神掃蕩，三角地熱鬧的攤檔化為灰燼，在大埔墟周邊的地方都能看到市中心上空的火光，消防局出動了大埔和上水兩個隊伍來搶救。還好這兒只做買賣，不是住房，所以沒有人命傷亡。可是這場火真的波及了區內每一戶居民，因為三角地中央有一座電力公司的變壓站，變壓機受火災影響，不能運作，大埔頓時成了黑暗世界。

第二天大家到現場去看，滿目蒼夷，攤檔的老闆和夥計都斷了生計，居民也失去了平常飲食和購物的地方，這些都是大埔理民府得趕快處理的燃眉之急。還好當時政府為了安置因為興建淡水湖而遷村的居民，在吐露港完成了頭一個填海區，於是撥出靠近市中心的角落，讓三角地的攤檔在那裏經營；可是這安排也經過了一段時間，而且並非每位攤主都有能力重建攤檔。

當年的報章對三角地大火和事後處理有詳盡的報道，近年有心人根據這些資料，在網上列出火災前三角地攤檔的名稱，起碼有21家，包括一些我很熟悉的名字，像周明記、陳細記、波仔記、蘇記和洪興，都是原來的大牌檔。可是我的記憶並不來自三角地時期，而是來自這些店主後來的經歷：周明記遷往南盛街，變了酒家；陳細記遷往懷仁街，變了飯店；波仔記保持大牌檔身份，終於遷進鄉事會道那「臨時」了幾十年的小街市——這些老闆們是跟我父親認識了幾十年的熟人，也是大埔墟發展的最佳見證人。【見圖92】

在我的記憶裏，三角地時期只有一個名字：鍾民記。那是糖果檔，我不記得它的模樣，可是說起鍾民記，我就會想起大白兔糖。

火災過後，地方人士和理民府官員都參加了傳統的送火神儀式，找來道人唸經，以三牲酒水祭祀。接著政府決定把三角地重建為休憩公園，電力變壓站也根據原來的古典造型重建——也就是你現在看到的模樣。

美景背後的殺機：風

大埔景色之美，九成是因為吐露港和附近環繞的山巒。我在大埔前後住了40年，面對一窗海光山色，卻對地理不求甚解，一直以為這樣的港灣相對風平浪靜，近幾年才明白風暴潮的原理，知道這水墨畫似的風景背後藏著殺機：颱風從東北吹來，經過西貢海和石門海峽向吐露港推進，就像進入漏斗，把海水往港灣逼過來，壓力之大，可以造成海嘯。【見圖93】

吐露港的地理環境固然有助颱風肆虐，但它從前的人文環境才是傷亡慘重的最大原因。大埔元洲仔從1950年代開始名揚國際攝影沙龍，照片的主角都是沿著堤岸的浮家泛宅：吐露港至大鵬灣一帶是上佳的捕漁區，吸引很多漁民在元洲仔聚居，方便作業，出海的收獲就在大埔墟售賣。他們以小艇為家，在清風朗月的日子看著逍遙，卻不堪颱風吹打，每逢遇上風暴，他們在最前綫，打擊也最慘重。【見圖94】

曾經為香港帶來重大傷亡的颱風，因為時日久遠，已經不在我們記憶之中了，但翻開當年的報道，大埔每次都佔著濃濃一筆。國際上為颱風命名的慣例到了1953年才成立，因此下面說到的兩個例子都沒有名字，可是論殺傷力，它們一直遙遙領先。

丙午風災

第一個例子是1906年9月18日吹襲香港的颱風，按照中國曆法干支的傳統，稱為丙午風災。這趟風暴身兼「侏儒」颱風和超級速度兩個特色，因此動向最難預測，在天文台的儀器看來，它簡直像當年日本排球片集裏的所謂「移形換影」，明明不像吹向香港，中途忽然變卦，市民等到颱風靠近香港大門才接到警報，沒法做安全準備。當年的死亡人數多得說不清，估計的差異也極大，從四千人到一萬五千人不等，因為當時還沒有身份證之類的系統，而且很多住在香港的人都只是來找工作，沒打算定居，所以很難整理出可靠的數字。

丙午風災直吹香港的時候，在吐露港掀起的風暴潮高達6.1米，毀掉了港灣內超過一半漁艇，大多數遇難者被海浪捲走了，遺體根本無處可尋。兩個星期後，能找回的屍體有1,500具左右。估計這次風災的死難者九成是海上居民。

要是我們把這些數字對照很近20年在東南亞海嘯的傷亡率，就可以想見百年前香港貧苦大眾生活的環境，跟那些受災的東南亞地方可以相比。當年的香港，城鄉有大區別，貧富更不可同日而語。

九二風災

按理說，隨著建設改善，香港抵禦颱風的能力應該愈來愈強。可是香港作為一個難民的庇護城，社會底層永遠都有新來的家庭，靠簡陋的建築遮風擋雨。1931年開始，大陸移居香港的家庭年年增加，不再只是來找工作，而是希望長居。有錢人在港島城中置業，沒錢的只有隨遇而安，住在山邊木屋已算幸運了。這樣的環境遇上超級颱風，很難免於災難。

1937年9月2日是我們第二個例子，當時報章稱為「九二風災」，在凌晨二時登陸香港，剛好遇上漲潮，海水向吐露港推進，變成風暴潮，新界東北的大埔、沙田和沙頭角是重災區。吐露港風暴潮的波浪有九米高，遠高於大埔墟的街道和建築物，等於是整座小城以及汀角至船灣一帶的鄉村全部沒頂，而且事發時大家都在睡夢中，無法應變。吐露港洪水捲著人、家禽、家畜、植物和垃圾，深入陸地超過半里，災情像透了東南亞的海嘯。當時報章有關於大埔的特別報道：

「當風勢最烈之時，大埔海濱竟發生海嘯，巨浪拋高數十丈，捲滅一小村落，以至建築物及人畜全數被狂濤捲沒，昨日大埔橋下堆積遇難男女屍首一百餘具……由大埔街市前往大埔墟，沿途之建築物鮮能保持完整者。」——〈九二風颶慘災詳補〉，《工商日報》1937年9月4日。

根據香港公務局在1930年代所作的報告，大埔在1920、30年代的新建築集中在新墟（原來的太和市），而舊墟的房子則日見殘破，因此1937年的風暴潮在舊墟做成最大的破壞，捲走了60多家房 。

那次風災的善後工程，除了重建從沙田經大埔至船灣海岸的所有馬路、橋樑、碼頭和堤岸，還得重修沿著吐露港的一段九廣鐵路，因為連花崗石的鐵路基堤也垮了。至於民房，光是大埔墟就損毀了二百多間。可是陸上居民災情再慘，也要比漁民幸運。當時有二千多艘船沉沒或毀掉，死亡人數超過二千五百人，失蹤的人更數以千計。大埔區一千多副骸骨無人收殮，就安葬在原來由大埔頭鄉紳鄧�臣為第一次世界大戰死難者建造的「萬安義冢」。

上面兩次風災，因為時代久遠，沒多少人會提起了，可是大埔墟沒有忘記自己的歷史。創辦太和市的七約每十年舉行打醮，最近一次是2017年，超度的牌位依然包括了「1937年9月2日風災亡靈」。

記憶裏的風災

經歷過「山竹」的小孩，不會輕易忘記它的名字。我的童年同樣有個永誌難忘的名字：「溫黛」。這位「風姐」1962年9月1日正面吹襲香港，是半世紀一遇的超級颱風，它的陣風速度和潮漲，到了今天仍然高踞榜首，而吐露港的風暴潮更是冠軍中的冠軍。可是相對於20世紀初的風災，溫黛的奪命率卻不算高：130人死、53人失蹤。由此可見，到了1960年代，香港的基礎建設經歷了劃時代的改變，而公共房屋是「救命」的重要一環。但大埔墟的情況有點特殊，原來是低窪地，而元洲仔在1950、60年代又是漁民人口的高峰期，如此地理和人文環境，成了招禍的根由。【見圖95】

當年林村原居民張枝繁住在大埔墟，曾寫下對「溫黛」的回憶：

「風眼正吹香港，淩晨時份來襲，水位高漲12英尺以上，雷霆萬鈞，排山倒海，市中心及舊墟一片汪洋，頓成澤國，居民無處逃避，樓宇房屋，損毀無數，富善靖遠二街店舖貨物水淹，損失難以估量，又以元洲仔首當其衝，毀舟無數，人畜漂浮，兒啼母叫，令人慘不忍睹。」

溫黛吹襲大埔時水位有多高，我到現在記憶猶新，可見當年小心靈受了很大震蕩。那時我家分租廣福道的「田心林園」，四周是西洋菜田和魚塘，典型的低窪地。房主有先見之明，為防洪水，先築起高台，比廣福道（即大埔公路）的路面高出幾英尺，別墅建在高台上，前景是魚塘，中景是吐露港，遠景是馬鞍山。

1962年8月31日，溫黛迫近香港，馬鞍山老早看不見了，而吐露港則快高長大，海水淹沒了我們眼前所有魚塘和農地，衝進花園，一級一級爬上高台兩邊的台階，房子成了孤島。我的父親站在廣福道上，隔著忽然而至的汪洋，有家歸不得，向著我們指手畫腳，示意他會到朋友家避難。那天晚上，他就在張枝繁家中睡沙發。

接著海水步步進逼，終於掩上了高台，眼看房子的門檻擋它不住，我們小孩一律被趕到二樓逃難（那是房主兩個兒子的居所）。我站在正對著天井的樓梯上，看大人們聯手用水桶掐水，屋裏水位最高的時候大概一英尺多，淹過了他們的膝蓋。【見圖96】

過了不知道多久，天井裏忽然來了一條大鯉魚，該是鄰近魚塘的資產；牠拼命掙扎，有人說是不是拿個大桶盛滿水，救牠一命，另一個人說沒用，因為淡水魚受不了海水，而我們四周的滔滔大水都是海水。那大概是我一生頭一次聽到「慈悲」和「理智」在緊要關頭做辯論。

我們屋裏的水過了幾個鐘頭就退了。和附近的人家相比，我們的經歷真是小兒科：魚塘和菜田不但魚和菜都損失掉，塘邊和田邊的堤也都毀了，更要緊的是他們的住房全部沒頂，多半牲畜也淹死了。至於大埔墟的商店，不管是米舖、農料還是雜貨店，沒有一家的貨物不被水淹沒。艇戶就更慘了，船和舢舨都毀了——很多船被颳上陸地，碎成木板。他們沒有了生計，也沒有了家，可是根據政府調查，大埔的漁民雖然有不少人受傷，但奇跡地沒有喪命。

我那時候還小，對街道的情況沒什麼印象，但兩年後又來了超級颱風——1964年的「露比」——留給我一個難忘的畫面：颱風過後，我和父親路過靖遠街一家成衣店，只見店裏店外的地上都堆滿小山似的衣服，店東向我父親訴苦:「海水浸過的衣服,一件都救不回來,送人也沒人要。」可見吐露港風暴潮對大埔墟不斷造成衝擊。

溫黛過後,港督 Robert Black(柏立基)在8月2日巡視重災區大埔、沙田和沙頭角,而大埔的社團則馬上成立賑濟風災委員會,登記的災民有1,678戶,發放的物資從衣服、鞋襪、白米、罐頭、餅乾到日用品如牙膏、牙刷等無所不有。購買物資主要靠籌款,當時大埔很多村民在英國謀生,英鎊匯率又高(小時候在郵政局常聽到:一英鎊兑16港元),因此他們的捐款對賑災是一劑強心針。從現在的角度來看,我覺得最能反映時代特質的是:當時的人除了捐錢,也會捐米,賑災委員會清楚地記錄,總共收到白米一萬五千多斤。換了今天,大概要發愁怎麼存放,可是當年新界基本上還是農業社會,人們看到大米,心裏就踏實了。

至於損失慘重的漁民,抱著打不死的精神,又得到漁農處(漁農自然護理署前身)一點貸款,重新購買出海的船隻,不再靠風力,實行機動化。

大家都愛説香港是「福地」,可是像上面説到災難真的不會再發生嗎?隨著氣候的巨變,颱風的威力愈來愈強,山竹襲港時潮汐處於低點,是我們的運氣。我們能永遠依賴運氣嗎?

圖 88｜位於大埔泮涌山坡的寮屋，時至今日已是市中心區。

圖 89｜錦山山腳的寮屋有些經過多番改建，變得相當雅致。

圖 90 ｜ 1970 年代末至 1980 代初的錦山有各式建築，圖中山坡左面是 1930 年代的別墅式房子，旁邊是新建成的所謂西班牙式丁屋，山腳左邊是老式村屋，路旁的是寮屋，其中一家現在變成圖 89 的模樣。這張照片見於不少網頁和關於大埔發展的刊物，包括政府刊物，但無法尋得版權持有人。

圖 91 ｜ © 大埔體育會
1970 年代黃宜凹村前面是各種交通工具的交匯處，圖中可見火車、巴士和的士。這兒見證了不少元洲仔棚屋火災和風災。

圖 92 | 這個「臨時」了幾十年的小街市終於在 2010 年代後期變為大埔墟中心的居屋地點。

圖 93 | 畫圖似的吐露港。

圖 94 ｜ © Hong Kong Heritage Project
1950 年代的元洲仔漁船。

圖 95 ｜現在大埔所有行人隧道都有「水浸」警告，正是原屬低窪地的緣故。

圖 96｜作者與母親站在田心林園閘門外，遠處是通往房子的台階。溫黛襲港時，大門、花園、台階全被海水淹沒。

秀水靈山

從市區到大埔墟，不論坐火車、巴士、小巴還是自駕，在吐露港公路隔海遠望，總會看到對岸白色的觀音像。那是慈山寺的標誌，站立在靈山秀水之間，已經成為大埔地標，以供水代替燒香的規例特別為人稱道。從規劃和規模來看，慈山寺是個創舉，但從大埔佛教建築來看，它卻是超過一百年歷史的新體現。傳統以來，大埔對宗教人士的吸引力可以媲美大嶼山，不過有點性質的分別——這兒有很強的居士傳統。【見圖97】

根據港英政府統計，1920年代至1930年代從大陸來港定居的人之中，佔特出比例的是農民和僧人，後者可能跟中華民國政府推動新生活運動，排擠傳統宗教有關。當時本港的佛門居士為了弘揚佛學，邀請國內的大德南來傳法，對民間佛教活動有很大的助力。大埔墟既有靈山秀水，又有現代交通，特別吸引尋找清修之地的佛、道中人。

三寶因緣：凌雲寺、定慧寺和大光園

林村觀音山腳的凌雲寺是區內最有歷史的佛寺，也是香港三大古寺之一。它建基於新界大族鄧氏老夫人禮佛的靜室，初建於15世紀，在19世紀重修之後改為寺院。到了1911年，得到在江南古剎訪學多年的妙參法師出任主持，聲譽大隆，信眾日多，不少富裕的城市人(特別是太太們)經常來聽經禮佛，因為這是少有的女眾佛寺，在1930年代初還建立了佛學女書室。

當時大埔公路和九廣鐵路雖然是通車了，但本區內完全沒有別的馬路，從大埔墟到淩雲寺，走的是觀音徑，個多兩個小時的路程，對慣於走路的村民也不輕鬆，何況富人認為走路是苦差，而且在林村還要走上坡的山路？他們唯一的交通工具是山兜，得僱用兜夫，雖然不必勞動雙腿，但還是感到顛簸。儘管如此，淩雲寺依然香火鼎盛。

【見圖98】

妙參法師來港十年之後，原籍廣東五邑的增秀和尚捨下在鼎湖慶雲寺的職務，受邀請到淩雲寺靜修，很快就吸引了信眾。其中有錢的弟子想到可以在大埔尋找交通比較方便的地方，另建寺院，由增秀和尚主持，得到妙參法師同意，開始在桃源洞一帶覓地，終於選中了馬窩村旁邊的十幾萬尺農地（屋地的比例不到十份之一）。當時馬窩只有山徑通往大埔墟（1960年代後期才建馬路），但走路不過十多分鐘，和觀音山相比，真是方便多了。這兒有林木茂盛的小丘，還有山澗，正合增秀和尚以種植果木來輔助佛寺運作的目標。首先建成的一座兩層高小樓房，外表類似當時區內的別墅，名為蘭若園，也就是今天定慧寺的前身。到了日本侵華，很多國內僧人逃難來香港，蘭若園成了六十多名僧尼的庇護站，直到香港淪陷，食物短缺，日軍的政策是把居民趕回大陸，因此大多數人離港回到內地。增秀和尚為了護寺，一直留守到日本投降，1947年才回到國內的慶雲寺。

這兒從蘭若園變為定慧寺，背後有個傳奇故事。話說增秀和尚離港後，蘭若園因為空置，農地日漸荒蕪，他決定回港，同行的有個五邑的出家弟子。1951年增秀和尚出任大嶼山寶蓮寺住持，他這個弟子竟然和一個俗家人同住於蘭若園，而且欺騙增秀説希望租用農地，拿出律師樓的英文契約讓他簽。這契約實際上是把蘭若園的房產和農地完全移交給騙徒，增秀是君子，果然中計。事發後，他在香港的其他弟子極為憤慨，其中張祝珊夫人郭常壽挺身而出，請到五邑工商總會出面主持公道，擾攘了很久，增秀和尚才得回業權。經過這次教訓，他決定把原來為清修而建的蘭若園改為十方道場，弘揚佛法，名為定慧寺，註冊為有限公司，由董事會輔助運作。奇怪的是，增秀老和尚受騙的半個多世紀後，定慧寺竟然歷史重演，被多次結婚的出家人騙取資產，而那雙男女同樣在昔日的蘭若園同居，結果又是靠有學識和社會地位的女士挺身而出，撥亂反正。

增秀和尚在早期的蘭若園不但自己講經，也邀請慶雲寺的名僧到訪，這就種下了後來大光園的根基。1928年，慶雲寺的笑航法師應邀來到蘭若園，一位剛從廣州師範學校畢業的少女到場聽講，頓時有所感悟，決定放棄進入中山大學，改而在淩雲寺剃度出家，法號覺因。覺因在南京棲霞寺受戒，又在大陸各地參訪名師，講經弘法，其間聽到大嶼山海仁法師之名，登門求教，海仁賜她新的法號——慈祥，她就是在大埔長大的人都知道的大光園釋慈祥法師。

大光園是釋慈祥清修的地方，但創建園地的是基督教《大光報》，名字源於〈馬太福音〉。(1927年魯迅來香港講演，就是《大光報》安排的。) 釋慈祥在1930年代購入園地之後，沒有因為門戶之見而改變它的名稱，因為佛教也有「大光」，那就是照遍眾生萬有的智慧之光。慈祥法師是人間佛教的好榜樣，在日本侵華期間，她以大光園農耕所得接濟難民，日本投降後，又傾盡全力籌辦義學，當年的教室是大光園祖堂的房子，教師都是義工，為大埔的教育史寫下感人的一頁。釋慈祥法師與時並進，1960年代「原子粒收音機」面世，她就愛拿著收音機邊走邊聽，大家傳為美談。

時至今日，淩雲寺、定慧寺和大光園依舊是大埔區內的有名佛寺，可是知道它們背後因緣的人相信不多。我們也許可以這樣說：沒有淩雲寺的妙參法師，就不會有增秀和尚的蘭若園（定慧寺），而沒有蘭若園，就不會有慈祥法師和大光園。

由道而佛的半春園主人

我因為父親曾經在碗窰教書的關係，從小就看到「哆哆佛學社」的名字（見本書第一章），到了在中文大學工作的時候，又偶然聽同事說中午到半春園喫齋；可是了解「哆哆佛學社」和半春園的關係，還是近幾年的事。

半春園地址是大埔石鼓壟，位於錦山和梅樹坑之間的山上，自1960年代起由香海蓮社管理。說到居士佛教在大埔的根基，佔地二百多萬呎的半春園首屈一指。創園的黃筱煒居士是20世紀初永利威酒莊的老闆，產品行銷世界各地，因此能斥資建造這個清幽的居士道場，連名字也有文趣：三人半日謂之「半春」，指他和兩位知己每周能在這裏得到半日的閑適，談經禮佛。

有意思的是，在1920年代，黃筱煒開始對傳統宗教產生興趣，不是受到佛教吸引，而是對扶乩入了迷。他的乩壇供奉的是黃大仙，入道成為嗇色園弟子，甚至親自學習扶乩，每晚請示教誨，後來連他的兒子也成為扶乩高手。

他們的乩壇有個特點，就是扶乩所得的教誨都是佛教勸善的訓喻。終於有一天，他在扶乩期間得到明示，説只有佛法能挽救亂世，命他們此後不要再扶乩了，應該研習《金剛經》和《大悲咒》。向他們發出指令的是哆哆菩薩，這就是「哆哆佛學社」的名字由來。【見圖99】

黃筱煒潛心學佛之後，在1930年代建立半春園，作為居士寺院，大雄寶殿的三世佛是在江南精心鑄造的，在1950年代的香港非常特出。這兒還有個獨一無二的特點，就是有一座小樓供奉哆哆菩薩。黃筱煒去世之後，這兒的業權轉交香海蓮社，數十年來多番重修增建，包括安放先人骨灰的廳堂。半春園已經列為文物古跡，至於從前對外開放的齋菜，早已成為歷史了。

道教勝地

道教和扶乩在大埔頗有根基，特別是1950和1960年代，不少道教團體看中了九廣鐵路來往市區交通方便，紛紛到這兒買地，建立山林景色的道場，錦山和碗窰一帶對他們最為吸引。可惜後來政府為建造幹綫公路大規模收地，像碗窰的桃源洞、水月宮和鑪峰學院等道場都逃不過這一劫，頂多換得政府補償屋一個單位。即使如此，大埔還是保留了不少道教建築。

省躬草堂得風氣之先，在1931年購入大埔舊墟現址和周邊土地，當時面對吐露港和馬鞍山，盡得山水之美，可惜多番填海把草堂和天后廟都變成馬路旁的內陸建築。19世紀末鼠疫橫行之際，「省躬草堂」於1894年在廣州建立，用扶乩求符求藥，為信眾治病；後來大埔的草堂也根據這個宗旨，除了宣揚道教，還設有診所贈醫施藥，而且説明

「不收受外間分文」。草堂除了依賴弟子捐獻之外，當年購入那3萬多平方尺的地皮，隨著大埔墟擴展，得以申請建商住樓宇，收益也能支持道場的活動，包括維修和重建。日治期間，這兒曾經被日軍進駐，造成不少破壞。中國大陸解放後，廣州「省躬草堂」跟很多宗教團體一樣，1950年代初被逼解散，大埔的草堂成為活動中心。這兒已經停止扶乩，專注以中西藥診病扶貧。【見圖100、101】

在大埔長大的孩子，提起錦山，就會想到「隱廬」。這個建於1951年的道堂，最能説明當年大埔對傳統宗教人士的吸引力。隱廬供奉呂祖，註冊為「佛社有限公司」，因為隱廬的道眾奉行五教同源，孔子、老子、釋迦牟尼、關公和齊天大聖等也在他們供奉之列。關於隱廬大埔道堂的選址，有這樣的描寫：「前則達挹八仙嶺之朝拱，左接大帽山之連峰，右覽吐露港之波光，錦山則其枕也。前臨一衣帶水者，林村瀑布之支流也。」風景優美不用說，相信也有風水極佳的意思。隱廬旁邊還有不少其他道場，一如當年記載：「芳鄰三五皆精舍蘭若」，大概都是看中了這個有靠山，有枕頭，還有衣帶的環境。今天的隱廬是1960年代末改建的，因此還保留了樸實的古風。

説到大埔區內具規模的道教建築，不能不數鳳凰山（半山洲）的蓬萊閬苑和林村梧桐寨的萬德苑，前者在1960年代動工，後者在1970年代開始建築，前後歷時20年，兩者都利用坡地的特色，殿宇亭台層次分明。萬德苑是萬德至善社的道場，成員包括當年七約鄉公所的主席張枝繁，數十年來蓬勃發展；而蓬萊閬苑則可說是憑個人力量而創辦，大家都稱它的創始人為「二姑」。

二姑虔信呂祖，是個扶乩高手，通過乩壇贈醫救世，從1950年代起頗負盛名，很多人拜在她門下，因此集資替她完成心願，建立清修道場，閬苑是道教仙境的稱謂。蓬萊閬苑建成之後，吸引了附近鄉村很多居民，遇上疑難就向二姑請教。這兒離碗窰不遠，我小時候，父親有朋友從國外回港時，會跟他們一起去遊覽這個古色古香的地方，可是長大後一直沒有再去。誰知道大概十一、二年前，我丈夫卜立德獨自去行山，回家後跟我說，他找到一個有意思的地方，叫做蓬萊閬苑，主管那兒的女士國語說得頂好，兩人閑聊了半天，約好下次跟我一起去。

這為我帶來舊地重遊的緣份。那位說國語的女士原籍台灣，是中學老師，丈夫是香港人，婚後定居香港。她丈夫的母親是二姑的弟子，二姑去世後，蓬萊閬苑由她婆婆主管，到婆婆年紀老邁了，責任就落在這位台灣媳婦身上，她周末就在那兒坐鎮。蓬萊閬苑供奉呂祖和八仙，每逢神誕善信們都到這兒聚會，得安排好幾圍齋菜，因此閬苑的園地有自己種植的蔬菜，用作部份食材。

無獨有偶，1970年代開始興建的萬德苑也有點台灣淵源——萬德至善社1990年代在台灣設了分社。萬德苑在梧桐寨的園地由張枝繁協助覓得，經過二十多年的經營，除了呂祖殿之外，還有三清閣、王靈殿、行天宮等，殿堂亭閣依山層層而上，遊人一直抬頭仰望，在細雨或薄霧中，真有點進入仙鄉的感覺。

天主教淵源

對在大埔長大的人來說，「天主堂」就是在圓崗山腳的聖母無玷之心堂，原來這個建於1961年的教堂得來不易，原因是港英政府長時間拒絕在大埔墟賣官地給天主教會，說是要避免引起當地鄉民不滿。

本書第一章說過，碗窰和天主教有點淵源，大埔第一個小堂在1899年建於碗窰山上，比多半佛教和道教的道場還早。除了當年碗窰的小堂，天主教會在大埔也曾經得到汀角鄉民的協助，在那兒建立小堂，這對他們在吐露港沿岸和西貢地區傳道很有幫助，例如鹽田仔和三門仔的村民有不少好幾代是天主教徒，現在三門仔新村後面的山上，不少山墳上都漆上紅色的十字架。

到了1926年，天主教會得到錦山山頂的土地，建成了聖安德肋堂，因為要避免本地村民反感，教堂外表看來像座別墅，做彌撒時男左女右，分庭抗禮——當時的社會風俗還是很保守的。這兒的地理環境很像沙田道風山，都是位於山頂，又靠近火車站，可是錦山的教堂卻不討好，神職人員不喜歡它，信眾也嫌上山的路又陡又遠，教會想辦小學，卻連教師也不願意爬山；到了1930年代大埔墟有電力供應時，這兒卻沒有接軌，甚至連食水也只能依靠一口井。教會終於在1937年把它遺棄了，寧願在廣福道租房子用作臨時教堂。有趣的是，1920年代後期，挪威基督教士K.L. Reichelt 對錦山山頂的教堂很有興趣，願意購買，可是天主教會雖然不愛這個教堂，卻也不肯出售，Reichelt 只好另外覓地，他找到的正是沙田火車站旁的小山山頂——今日的道風山。

大埔墟的臨時教堂運作了二十多年，經歷香港淪陷和重光的日子。大埔堂區一向由意大利神父主持，但這在日治時期沒有帶來「軸心國盟友」的方便，因為日軍拒絕讓他們在新界活動，即使在市區工作的意大利神父也受到嚴密監視。

天主教會終於在1958年得到今天大埔教堂的土地；那跟港英政府無關——他們還是拒絕賣官地。這幅地是私人所有，業主朱氏家族以半賣半送的方式協助教會。由於大部份土地本來是耕地，申請建房子得補地價，港府樂意收錢，卻把建房的比例加了很大限制。儘管如此，環顧新界，聖母無玷之心堂雖然樸素，規模還是可觀的。

教堂建成第二年，桑得嵐神父（Father Narciso Santinon）成為主任司鐸，在任25年，見證了大埔墟的滄海桑田和教會的種種變化，也看著兩代天主教徒成長。他除了主持彌撒和堂區事務之外，還勤奮地做家訪，每逢復活節前就逐家逐戶去灑聖水祝聖，聖誕節自然更忙碌了。據說桑得嵐神父的前任跟教友關係弄得很僵，他大概覺得必須盡快重建互信。

1960年代初貧民還很多，教會和慈善團體不時發放救濟品，但因為文化差異，有時會出笑話。我對一個關於奶酪的故事印象最深：有人拿了一盒救濟品回家，裏面包括一塊長方形的黃色物體，第二天他去投訴，説那肥皂不管用，一點泡沫都沒有！桑神父會講廣東話，貧民直接向他訴苦，他就拿自己吃飯的錢救濟別人，結果照顧他伙食的女工只好向菜市場的攤檔求助，得到免費蔬果和麵包讓神父裹腹，也完成了這個區內救濟圈。

1960年代末，因為神職人員調任的關係，有幾個月只有桑神父會彈風琴，但他不可能在主持彌撒的時候分身，我忽然奉詔頂替。我學的是鋼琴，面對著風琴動手不動腳，尷尬得很。按理説我應該花時間多學習，但風琴的聲音大，獨自坐在教堂裏聽著自己聲震屋瓦地出錯，真的不是滋味，因為整座建築物內的人都受罪。

西方宗教在大埔傳播的當然不只天主教，我自己曾就讀的幼稚園和小學就包括禮賢會和五旬節會，基督教各教派在大埔都有根源。有意思的是，當年的教派不像現在那樣互相尊重，特別是「俗家」傳道員，有時在街頭爭辯起來，臉紅耳赤，竟然嚷嚷說：「他那個神是假的！」【見圖102、103】

善哉，善哉！

圖 97 ｜ 慈山寺的觀音像。

圖 98 ｜凌雲寺一角。劉殿爵教授的晚輩和學生對這兒頗為熟悉，因為劉家與凌雲寺有點淵源。

圖 99 ｜半春園庭院一角。

圖100｜建於17世紀的大埔舊墟天后廟。

圖101｜今天的省躬草堂位於繁忙的汀角路旁，維持幽靜就靠這一面紅牆。

圖 102、103 ｜ 1960 年代初位於汀角路的禮賢會和附屬幼稚園，今天已經重建，但依舊有幼稚園。

嘉道理先生未圓的夢

提起嘉道理（Kadoorie），有人會想到高尚住宅區，有人會想到農場，有人會想到環保工作，也有人會想到賺大錢的企業——地產、運輸、豪華酒店和電力公司，可是很少人會想到城市規劃。

嘉道理家族雖然在上海發跡，但到了第二代的羅蘭士（Lawrence）和賀理士（Horace）兄弟，已經以香港為根本。兄弟兩人雖然生於19世紀，但人生軌跡卻緊扣著20世紀的香港歷史。我在大埔長大，因此從小就聽到他們成立農業輔助會，幫助村民和難民的故事；但關於羅蘭士·嘉道理在日本投降後，馬上為香港的發展規劃作出大膽構思，卻是最近才在嘉道理家族檔案中看到第一手資料。

嘉道理家族的祖屋本來在上海，日治時期，日本人把他們在香港的家族成員也押送到上海去，全家軟禁在祖屋雲石邸（Marble Hall，現在的上海少年宮）。戰後羅蘭士·嘉道理一面重新啓動在香港的生意，一面監督重修祖屋的工程，港滬兩邊跑，卻不忘觀察兩地重建的細節。一次，他在上海看見新的勞工階層住宅區，覺得社區規劃和房子設計都值得香港借鏡，於是不但向當地政府取得設計草圖的副本，還找人做了一個房子模型，回香港後，把草圖和模型交給香港政府，讓他們參考。

這只是他思考香港規劃的一鱗半爪。

香港首次城市規劃

日治期間，香港不但經濟蕭條，基礎設施也遭受嚴重破壞，戰後重建既需要錢，也需要政策和規劃，香港的工務局完全沒有這樣的人才，因此只有向英國政府求援。1946年8月底，英國同意派出 Patrick Abercrombie（阿柏康比）到香港視察。當時他可以說是英國城市規劃的頭號專家，英國首都倫敦和蘇格蘭首都愛丁堡戰後重建，都是按照他提供的藍圖。他在1947年11月至12月訪港，住在總督府，至於行程所需的費用1,250英鎊，全數由英國殖民地發展及福利基金（Colonial Development and Welfare Fund）提供。

第二次世界大戰後的英國雖然可以自豪地宣稱是為正義而戰的得勝國，但抗戰帶來極沉重的經濟打擊，幾十個大城市被德軍轟炸得千瘡百孔，重建的經費浩大，是國庫要面對的負擔，因此直到1955年，政府依然對國民實行食物和布料配給。但就在這個時期，英國政府卻撥款成立殖民地發展及福利基金，可能有點讓人意想不到，但其實事出有因。當時英國各主要殖民地離心力愈來愈強，政府知道假如要保住帝國，就得付出代價，殖民地的民心取向成了考慮的重點，而殖民地發展及福利基金正是爭取民心的辦法，香港也因此有了第一次作長遠規劃的機會。香港政府在1947年1月成立房屋及城市規劃小組，就是從屬於這個基金，而向來關心重建的羅蘭士・嘉道理，順理成章受邀請加入香港的殖民地發展基金聯絡委員會，同時也是城規小組的成員。

阿柏康比在香港雖然只有一個月，但他引用了堅實的本地資料，不論是人口密度、工商業區的擴展、連接港九交通（海底隧道是他的主意）、回購軍方用地、維港填海限制和市民嚴重缺乏康樂空間，都囊括在他的初步報告書中。他提出的很多看法，在今時今日還是正中香港的要害，例如：香港到底可以容納多少人口，港府無法控制移民人數，維多利亞港不應無休止地填海，市區的軍方用地應該收回作民用等等。

阿柏康比的報告書把香港、九龍和新界分為三種發展用途，基本上香港是商業區，九龍是工業區，新界則是農業和休閒區；唯一的例外是新界西，他建議在荃灣一帶填海作工業用地。他特別提到九龍缺乏文娛空間，倡議收回尖沙咀的軍營，改建為公園（也就是今日的九龍公園），也說可以考慮在沙田興建第二個馬場。雖然香港在20世紀後半葉經歷重重波折，但回顧城市發展的大局面，還能看出不少建基於阿柏康比當年的構想。

阿柏康比的初步報告書在1949年9月21日提交立法局。他認為香港應成立「城市規劃局」，全面策劃十年發展藍圖，預計需時三年，期間城規局職員的薪金和其他開支，估計是港幣102萬5千多元，折合6萬4千85英鎊。考慮到香港的保安與防禦開支浩大，城規局所需的資金將全數由殖民地發展及福利基金提供。

世界旅遊中心：香港

阿柏康比訪港期間，羅蘭士．嘉道理在1947年11月28日給他寫了一封長信，標題是「香港作為旅遊中心的可能性」。他既是香港的殖民地發展基金會員，又是港府城規小組的成員，當然是阿柏康比到港後接觸的頭一批香港人，而阿柏康比的初步設想，也會首先向他們透露。

羅蘭士・嘉道理在信中提出，與其為本地居民安排個別休閑區，還不如考慮香港整體的旅遊發展潛力。他指出相對於別的大城市，香港得天獨厚：和煦的冬季，美麗的沙灘遍佈港、九和新界。他特別強調新界東部的地理環境可以媲美法國東南海岸（French Riviera，又稱蔚藍海岸），而新界西部屏山、青山和屯門一帶的山巒景色，恍似從法國尼斯通往蒙地卡羅的 Corniche（峭壁公路）。時至今日，只要你環顧從吐露港到西貢海的海岸，也一定同意嘉道理先生目光如炬，比喻貼切得很。【見圖 104】

他又説昂船洲景色宜人，又有美麗的沙灘，如果在那兒建大型遊樂設施，配合各階層人士的口味，吸引力可以媲美國際旅遊勝地，如紐約的 Coney Island（康尼島）和英國的 Blackpool（黑池）。至於往來交通，除了坐輪船，也可以考慮一石二鳥：建一道堤霸與港島連接，既方便往來，又可以為小船和遊艇提供避風的地方。

更有意思的是他對大帽山的規劃建議：日治時期這兒建了通往山頂的路，他認為應該重修，然後在山坡上建設一系列精緻的度假屋。這可不就是效法瑞士和奧地利的山區嗎？

羅蘭士・嘉道理心目中的遊客來源非常廣，近至廣州及其他內地城市，遠至東南亞和歐美各地。他還特別提到，香港除了風景以外，另一個賣點是傳統節日。他認為節日氣氛在中國大陸逐漸淡化，而香港政府一直支持本地慶祝中國傳統習俗，如端午龍舟競渡和農曆年的年宵市場，都可以吸引國內旅行團和外國遊客參與。為了證明此路可行，他特別舉出兩個例子：香港慶祝英皇佐治五世銀禧紀念（1935 年）和佐治六世登基（1937 年）時，價格相宜的觀光團帶來了大批廣東遊客參與盛事。在他心目中，這是香港可以成為世界級旅遊聖地的佐證。

要搞旅遊，對外交通自然重要，所以羅蘭士．嘉道理在信中也提及新機場（當時考慮的地點是深灣）和九廣公路。總的來說，把這份70年前的構思對照今天的香港，最大的差別是新界景色被高樓大廈破壞了。至於廉價吸引國內遊客訪港，會做成什麼可怕後果，實在不是當年只有百多萬人口的香港能想像的。

分析羅蘭士．嘉道理信中的細節，他集中描寫的是新界和近岸島嶼，似乎覺得阿柏康比的初步構思忽略了這些地方。嘉道理家族成員在外國名勝地區旅遊時，相信也和我們一樣，會聯想到香港景色同樣美好的地點；他建議香港作大規模的旅遊發展，基礎是他對外國的名勝相當熟悉。

嘉道理家族檔案中並沒有阿柏康比對這份建議的回應。事實上，什麼回應也會變得徒然。英國首相 Harold Macmillan（麥美倫）被問到他最怕什麼的時候，有這句名言：「Events, my dear boy, events（事故，年輕人，事故）」，這正好是1949年香港的寫照。

阿柏康比的報告書在1949年9月21日正式上了立法局的議程，但到了10月，一切都改變了，因為中國出了翻天覆地的「事故」——共產黨成立新政權，數以百萬計的難民幾年間湧進香港，港府面對千斤重擔，除了應急措施之外，還有多少精力搞旅遊呢？

對嘉道理兄弟來說，這項「事故」同樣是他們人生的轉折點。羅蘭士．嘉道理在給阿柏康比的信中，提及香港政府在粉嶺與香港大學合辦的實驗農場，可以擴大規模，作為展覽東南亞農業未來發展的櫥窗。這在原信中只算個注腳，但嘉道理兄弟面對1950年代無家無業的內地難民時，卻把這個注腳發展為他們最成功的慈善事業：嘉道理農業輔助會的目標不是救濟難民，而是幫助他們自立謀生，因此成為香港向國際社會展示的一面櫥窗，不論英國皇室還是美國總統訪港，都要到那兒參觀。1962年，嘉道理兄弟獲頒有「亞洲諾貝爾和平獎」之稱的Magsaysay獎，羅蘭士・嘉道理1974年封爵，到了1981年又成為第一位進入英國上議院的香港人，究其根本，農業輔助會是主要基石。【見圖105–107】

英聯邦公園：康樂園

到了1960年代，羅蘭士・嘉道理又再向政府提出前瞻性的城市規劃藍圖。1965年3月15日，他寫信給當時的輔政司Edmund Teesdale（戴斯德），只談一件事，那就是康樂園。他開宗明義說：「上星期六我參觀了已故李福林將軍的花園，一般人又稱它為康樂園農場。……這個美麗的果園鋪排有序，老樹甚多，有個小湖，還有柏油途徑通向不同的望遠觀光點。」【見圖108】

信中提到的李福林將軍，是廣東軍閥，在1917年反對袁世凱的護法運動中，孫中山在廣州任大元帥，李福林的部隊是大元帥的親兵，他是親兵總司令。1920年代中期他當了廣州市長。在那軍閥割據的年頭，廣州雖說是革命軍基地，但內部紛爭很厲害，據說他不認同蔣介石的做法，這樣的市長不好當。李福林1927年底因為鎮壓共產黨發動的廣州暴動（共產黨史稱為瞿秋白領導的起義），終於下台，退隱田園，在廣州和香港兩地務農，以陶淵明自況。

他的農莊大門旁有來自王維詩的對聯：「門前學種先生柳，道旁時賣故侯瓜。」

八年抗戰期間，日軍想收買廣東省的守將，向李福林入手，卻被他用反間計弄得損兵折將。1941年日軍佔領新界後，第一時間要緝捕他，還好他當天碰巧身在九龍，趁機會逃亡往大後方，日軍抓不到人，把他的農場沒收了，改名為「香港佔領地總督部管理大埔農場」，日本人投降後才物歸原主。到了1949年，國民黨在大陸內戰中節節敗退，港英政府又再起了危機感，決定增加在港的駐軍人數，因此要覓地安置他們，結果徵用康樂園部份地方，為時差不多一年。

中國共產黨成立新政權後，位於大埔公路的康樂農場就成了李福林終老的地方。廣東省的軍閥失勢後南下香港避難的不止他一人，與妻妾定居八鄉的沈鴻英和退隱梅窩的袁華照都是例子，但說到晚景適意，還得首推這位20世紀棄槍務農的「識耕老人」。

李福林在1952年去世，就在康樂園內下葬，他的後人依然住在園中，繼續經營，他們的水果和白欖曾經出口東南亞。既然有果園，自然可以養蜂採蜜，當年康樂園的荔枝蜜很受歡迎。除此以外，他們也曾經營大規模的雞場、養魚塘和年花生意，反正是地盡其用。不過最有特色的應該數位於大埔道旁的康樂園餐廳，以園林景色為賣點，又用園中的產品烹製菜肴，媲美現在國際名廚的安排，時間卻早了半個世紀。

我小時候，家裏夏天吃的荔枝多半是康樂園的產品，也有幾次隨父親到他們的果園。李家住的小洋房簡單舒適，不講氣派，夏天待客還是用熱茶，大家聊天，等茶涼了再喝，一派從容的格調。可是，經營農產勞心勞力，收入又不斷受廉價進口貨打擊，所以他們終於打算把產業賣掉。我憑著小時候的印象，以為他們尋求退路是在1960年代末，可是羅蘭士．嘉道理這封信卻説明，早在1965年李家已經想到結業。他信中這樣説：「據我了解，此物業將要出售，很可能會分割為若干地段賣出，要是真的那樣，多年培育的老樹恐怕都要砍掉，苦心經營的花園也要毀了。有鑒於此，我建議政府考慮公眾利益，斥資購買這個景色美好的地方，闢作香港人的『英聯邦公園』。」

李福林農場在大埔道18咪，靠近林錦公路的交匯處，那時候嘉道理兄弟的農業輔助會就在林村，相距不遠，當然消息靈通。為了保住這個在香港罕有的龐大花園兼果園，羅蘭士．嘉道理採取了頗不尋常的做法，他給輔政司戴斯德的信件副本同時發給四名行政局和立法局的要員，分別是Dick Lee（利銘澤）、Dhun Ruttonjee（鄧律敦治）、Alberto Rodrigues（羅理基）和Jack Cater（姬達）。他顯然希望盡快引起港府最高層的關注，甚至不避向輔政司施壓之嫌。

當時任輔政司的戴斯德有豐富的香港和新界經驗，1941年底日軍入侵香港的時候，他是本地英國駐軍的少校，逃到中國大陸後加入BAAG（British Army Aid Group英軍援助組），負責訓練當地遊擊隊，專門收集敵後情報，據説頗善於和中國隊員相處。戰爭結束後，他回到香港，曾經出任新界政務司，也是農業委員會的成員，對新界應該很熟悉，對頗有名堂的李福林農莊不會完全沒有印象。可是行政和立法局的成員未必知道這個地方，所以羅蘭士．嘉道理特別説到香港島有植物公園，九龍區的居民也需要同類的休憩地方，顯然是讓議員們明白康樂園農場的規模和性質。最後，他連這個設想中的「英聯邦公園」對外交通也安排好了：「此產業交通便利，汽車和巴士都可以直達，而且通往上水的火車軌道貫穿其中，大可以在公園範圍內設一個火車站，連接九龍，為城市居民提供便捷和相宜的火車班次。」

1965年3月16日，戴斯德給羅蘭士・嘉道理寫了極簡短的回信，說「會安排有關部門盡快研究此事」，似乎是典型的官樣文章。戴斯德在同年離任，離開香港，嘉道理的歷史檔案裏沒有再提到「英聯邦公園」。當年香港政府已經收回尖沙咀的英軍軍營，也許想法是將來有一個九龍公園就足夠了。事隔兩年，中國大陸又來一個翻天覆地的「事故」——文化大革命帶來的難民潮，再一次挑戰香港政府在民生和基本建設的政策，公園顯然比不上這些迫切的議題了。【見圖109】

1970年代李福林的後人和發展商合作，申請在康樂園建「低密度」住宅，得到新界司鍾逸傑批准改變土地用途，十多年建成了差不多二千棟房子，讓人想起英國有名乏味的新市鎮 Milton Keynes。對當事人來說，這是最具經濟效益的決定，而他們賺錢之餘，也不忘以公益事業紀念先人：現在大埔體育會的李福林體育館就是得到李家支持而建成的，是新界頭一個綜合性體育場地。當年大埔體育會申請政府撥地和籌措捐款時，正、副主席是黃源章和我的父親；場館落成後，我是頭一個用舞蹈室的人，因此對這件事頗有印象。

事隔幾十年了，我每次路經康樂園附近，就會想起小時候曾在那一片果樹下聽蟬鳴。假如1960年代羅蘭士・嘉道理的「英聯邦公園」願景能夠實現，那麼從林村到大埔墟就完全由綠化區連接起來：佔地幾十畝的「英聯邦公園」緊接著梅樹坑公園，然後沿著林村河到大埔海濱公園；這樣的規模，相信連阿柏康比也會為此鼓掌。

再續未圓夢

從1950年代到1990年代，香港的經濟結構和市民生計不斷蛻變，輕工業和金融業相繼興起，務農的人愈來愈少，嘉道理農業輔助會也就失去了原來的作用。他們在林村觀音山的建設，本來是針對扶助貧農的，也因為香港轉型由盛而衰，甚至可以説變成了「大白象」。儘管如此，這個地方對保存香港歷史還是做了很大貢獻。當年港府喜新厭舊，把中環的郵政總局拆掉，那本來是堂皇的歷史建築，嘉道理兄弟為香港人保留了郵局大門外的兩條雲石柱子，讓有心人可以憑吊。【見圖110】

1994年，嘉道理家族為了農場的前途感到躊躇，請了專家籌劃，甚至想過把土地還給政府，但終於決定嘗試走新路綫，讓農場改頭換面，建設為植物園和環保農莊，推動保護原生動植物的教育使命，而且長期對公眾開放：這就是現在我們熟悉的嘉道理農場與植物園（KFBG）。【見圖111、112】

正在這時候，家族中年輕的第四代 Andrew McAuley 從美國回到香港。他曾在紐約州追隨悉達瑜伽上師研修三年，又一向關注環境保護，回港後開始和專家們討論農場的新方向，結果家族決定，嘉道理農場的長遠發展應該由他負責，他在1999年正式成為 KFBG 的主管。

今天的觀音山頂上有了集各宗教於一身的觀音像。過去20年恢復原生森林的努力，成果有目共睹：現在植林的範圍已經到了山頂。為推動低碳生活，KFBG組織市區農墟，又擴展基地，讓舊大埔警察局搖身變為綠匯學院。下一步大概要結合環保和靈修，讓年輕一代可以身體力行，選擇新的生活模式。

當年羅蘭士・嘉道理希望康樂園能變為植物公園的願景，終於發展成了他整個家族在21世紀的慈善事業。

圖 104｜媲美法國南部海岸旅遊勝地的港灣。

圖 105 ｜ © Hong Kong Heritage Project
原來的泥路經農業輔助會捐款改建為混凝土小路。

圖 106 ｜ © Hong Kong Heritage Project
鄉民與農業輔助會捐贈的水牛。

圖 107 ｜ © Hong Kong Heritage Project
羅蘭士・嘉道理與受助的農民合照。

Hong Kong.

Dear Eddie,

Last Saturday I visited the late General Li Fook Lum's garden, otherwise known as the Hong Lok Yuen Farm. It is situated in the New Territories just beyond Taipo, almost at the junction of Taipo Road and Route No. 1.

This beautiful orchard is well laid out, has many old trees, a small lake and cement roads and paths to points of vantage.

I understand the property is up for sale and that it may be divided into small lots. Should this happen, it is inevitable that the trees will be cut down and years of patient landscape gardening will be wasted.

With this in mind I respectfully suggest that it would be in the public interest for Government to acquire this scenic area as a "Commonwealth Park" for the people of Hong Kong. The property, which is easily accessible by car and by bus, straddles the main railway line to Sheung Shui and a Station could readily be built within its confines, thus providing city dwellers with cheap and rapid transportation by train from Kowloon.

Open areas in this Colony are all too few and there is no equivale in Kowloon or the New Territories of the Botanical Gardens or Victoria Pa It is true the property is not within the urban area but the example of other countries which have parks, botanical gardens, aviaries and zoological gardens in the

圖 108 ｜ © Hong Kong Heritage Project
羅蘭士．嘉道理給輔政司戴斯德的長信第一頁（部份）。

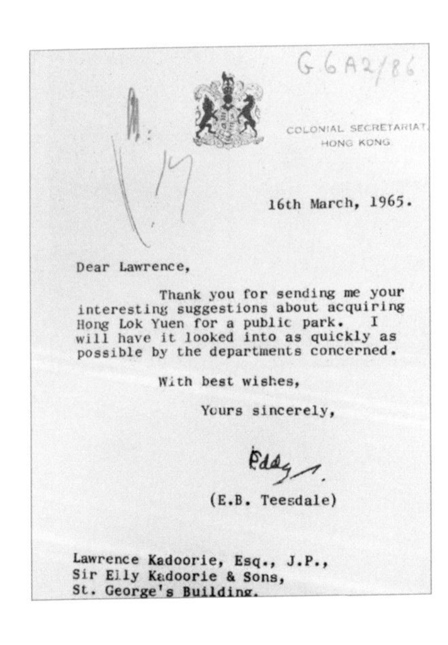
G6A2/86

COLONIAL SECRETARIAT,
HONG KONG.

16th March, 1965.

Dear Lawrence,

Thank you for sending me your interesting suggestions about acquiring Hong Lok Yuen for a public park. I will have it looked into as quickly as possible by the departments concerned.

With best wishes,

Yours sincerely,

(E.B. Teesdale)

Lawrence Kadoorie, Esq., J.P.,
Sir Elly Kadoorie & Sons,
St. George's Building.

圖 109 ｜ © Hong Kong Heritage Project
輔政司戴斯德關於康樂園的簡短回應。

圖110｜舊日香港郵政總局的柱子站立在嘉道理農場的斜坡上。

圖 111 ｜小胖豬是當年嘉道理農場培養的特殊品種，現在成了 KFBG 的明星，任務是教導孩子環保和素食觀念。

圖 112 ｜ © Hugh Baker
小胖豬的一名祖先，分派到上水。

歷史時空

草菇的故事

這一章說到很多1940年代至1950年代來港的難民原是農家，所以嘉道理兄弟的農業輔助會大發用場。當時第二次世界大戰結束不久，英國國內大量缺乏勞動力，於是開放國境讓帝國公民去工作，吸引了大量新界原居民，結果新界鄉村的勞動力大為下降，難民正好填上缺口。

英國人自從租借新界以來，一直希望原居民改變傳統耕種的目標，放棄稻米，改種供應港九的蔬菜，這到了1940年代終於打入主流。當時草菇成了新的農家寵兒，一位生於林村的老太太回憶說，她父親選擇以草菇為收入的主角，完整好看的運到市場去賣，破破碎碎的就用在家中飯菜中，一點都不浪費。她奉父命天天挑兩籮草菇到大埔菜市場賣，賣完了走路回家，頓頓飯都是草菇，可算是難忘的經歷。

卻原來當年草菇吸引的不限於原來務農的人家。舉凡當時逃難到香港的人都面對經濟問題，即使帶著一些資產來港，如果長久沒有收入，也會坐吃山崩，「謀生計」成了頭號任務。一些大陸城市居民在新界落腳，接觸到農耕文化，竟然也被草菇吸引了。可是他們本身不是農夫，得僱用員工去種草菇，也就是說把帶來的錢投資在草菇上；這就不好辦了。原來的農家種草菇是小本經營，利錢不高無所謂，因為勞動力都是自家人；投資草菇可不一樣，利潤不高，而且要租地，要付工錢，還要面對產量大而賣不出的風險。我一位朋友的先輩在大陸變色後逃到香港，在大埔舊墟落腳，就曾經作出這樣的投資，結果血本無歸，只好重進市區，加入白領的行列。

歷史在路邊

這本書說到大埔墟不少名列古跡的百多年建築，但其實歷史並不限於古跡，更可貴的是流傳於本地的集體記憶。正因為大埔墟的成長建基於「填」字訣，過往每一期的發展都集中在新填來的地方，不少舊建築也因此得到一段留守原地的時光。這當然不會長久，我們要是珍惜這些位於馬路旁的歷史，就應該及時回顧了。

填！哪管它滄海桑田

大埔墟和香港島一樣，山多平地少，因此現在大家視為商住中心的地區，幾乎全是「填」字訣的產物。從這張1968年左右的照片可以看見大埔墟在不同年代如何被改造。

圖 113 ｜ 香港特別行政區政府新聞處提供。

港府第一次在大埔墟發動造地工程，和火車有點關係。當時為準備興建大埔墟火車站，政府向村民收地八畝多，同年也收回太和市邊上的養魚塘。1908年完成填塘工程，除了火車站用了兩畝半土地之外，合共餘下12畝可以先後發展，這就成了仁興街、瑞安街和連接太和市（富善街）的小巷（來自收地），還有後來的安富街、靖遠街、懷仁街和三角地（來自魚塘）。這些新地皮在火車通車後非常搶手，於是政府重用這一招，填取林村河岸邊的土地，成為北盛街和普益街。這些都是圖113林村河對上右邊的土地。

到了1954年，要大規模發展大埔墟的意向更明顯了：港府公告市鎮藍圖，為的是收集民意。這次要填的是一大片西洋菜地，藍圖以一個中央廣場為中心，又以行人街道連接四面的馬路，行人區內一些小廣場則用作停車場——聽來很熟悉吧？

這個藍圖還沒動工，隔著廣福道就有另一項大工程：為了補償淡水湖各村喪失家園，頭一次在吐露港大量填海而興建的六鄉里——圖113左上角那一大片五層高的樓房。至於填平西洋菜地的計劃，終於在1964年動工，持續了好幾年，完成後就是現在大埔墟的行人專用區和圍繞它的寶鄉街、鄉事會街和運頭街。圖113上方顯示從火車軌（右）至廣福道六鄉的房子（左）那一大片農地都已經埋在沙泥之下了。

話說那大片西洋菜地被填平的時候，我還是大埔官立小學的學生，每天和同學們沿著廣福道走到上圓崗的斜路，天天目睹這項工程。到了後期，原來的田地已經堆滿了砂泥，工人們在泥土上鋪上木板，方便來回走動。一天下學時，我和兩個同學忽發奇想，怎麼不從圓崗另一面的小路下山，通到堆填區，學工人那樣踏著木板走上廣福道？那可是捷徑呢！我們沒想到的是，木板下的泥還是很濕的，工人們訓練有數，都成了平衡木和輕功高手，即使手裏拿著工具，肩上挑著擔子，還是如履平地；我們走在那些木板上，搖搖擺擺，驚險重重，終於到了田中央，我一腳踏進又厚又重又粘的泥土中，猛地把腳抽出，鞋子不見了。

每次路過大埔行人專區的小公園時，我心裏就悼念小時候埋在公園下的那隻鞋。

長高了的馬路及其他

圖 114 ｜今天的廣福道。

這是今天的廣福道，左邊是消滅了西洋菜田得來的土地，右邊是消滅了吐露港海景填來的六鄉補償屋。為了顧及大埔本來是低窪地，馬路兩旁填出的新土地都比馬路高出幾尺，於是廣福道馬路的路面得仰視建在新填地的行人道，結果只好在兩者之間築起台階，讓市民上下巴士和過馬路。印象中，這個怪現象持續了20年，政府才終於動工把這段廣福道的路面增高，為扶老帶小的居民免卻了很多麻煩。

大埔的大小道路多半是通過填字訣而無中生有的，由政府建築和維修，有整齊的規劃。相對來說，新界其他地區——譬如元朗——除了大馬路以外，其他早期道路都由私人開闢，缺乏維修，到了1935年元朗的各道路才正式命名。回顧大埔的道路，不但從太和市創市就已經命名，而且名字古雅：富善、普益、靖遠、瑞安、懷仁、懷義、南盛、北盛，在在顯示中國傳統文化的底蘊，跟市區道路的名字很不一樣。

道路的優勢同樣見於本地房屋。1930年代初，港府做了一份新界各區發展比較：其中列出有規模和質量上乘的一級房子，在大埔有120間，元朗新墟有67間，荃灣則有22間。這樣的發展速度固然有經濟利益，賺錢方法多了，生活水準自然提高，但也有不利的地方。港府在1917年的報告書就說到大埔墟的生活費用十年間大幅增加50%，這可不是一時片刻的事。我從小就知道大埔墟什麼都比別的地方貴，最離譜的是連報紙都比別區貴一角；有一次我們指著報上的定價向新寶城門外的報販抗議，他笑著申辯：「無所謂啦。你地大埔墟係小金山呀。」

「萬四長園」

廣福道老警官宿舍的小山旁邊有一家別墅，名叫「萬四長園」，因為建築形式獨特，引起不少網友談論和描寫，甚至有人講鬼故事。其實這是本地原居民所建的別墅，是父愛的表現。「萬四長園」的主人鄧錦裳女士是大埔頭鄉紳鄧若璠的女兒。大家都知道當年重男輕女的傳統根深蒂固，新界原居民的慣例是祖業傳男不傳女，可是鄧若璠是個很疼女兒的父親，知道唯一的掌上明珠不想結婚，就處處為她設想，建成了萬四長園作為她的久居之所，因此這房子不在大埔頭村裏，而在大埔墟邊上。

20世紀中葉，鄧家在廣福道經營四喜酒家，據外婆說，我一輩子第一口叉燒包就是在四喜酒家吃的。鄧錦裳女士是四喜的主力，小孩都稱她為裳姨。她身材不高，但很壯健，穿唐裝衫褲，膚色充滿陽光，一望而知是個能幹的人。

圖115 ｜ 萬四長園。

圖 116｜鄧若璠運動場。

鄧若璠和他的父親鄧勳臣一樣，樂善好施，特別熱心教育，為人低調。圖116是大家走路到大埔墟火車站會路過的運動場，是他在新界東北捐款興建的場地之一，在火車站月台上看得清楚。一般人大概不會想到這個運動場原來和「萬四長園」有關連。

老房子

這些照片都是大埔墟1950年代後期至1960年代初期的洋房，因為不設電梯，現在都被地產商冠以「唐樓」之名，其實它們建築時的構思並非唐樓。當年香港洋樓和唐樓的基本分別是洋樓獨家獨戶，廁所有抽水馬桶，間隔整齊，建築形式多半是一梯兩伙，而唐樓則多數分隔出租。最早期的唐樓在向政府入圖則和登記等方面也沒有洋樓嚴格，不過那是兩三代以前的事了。

圖117最左邊的是廣福道1號，有當時流行的轉角樓特色，這一排房子都是建於1958年，樓梯還帶顯著的Art Deco裝飾藝術風格。房子剛建成時，羅蘭士·嘉道理曾經拍照作記錄，可見它們在新界算是出色的設計。

在1958年那排小洋房的對面，原是一排中式老房子，記得其中一家還有傳統一條條圓木造成的黑乎乎的趟閘，我很小的時候，外婆偶然會到那兒打麻將，其中一位「雀友」好像是個尼姑，有個收養的女兒。旁邊多半是賣農家所需品的商店，像穀種和飼料。最有趣的是一家孵小雞的店，店面很小，但照明燈光度很大，燈下是剛出生的茸毛球似的小雞，來買小雞的多半是雞農。我最怕的一家店卻是姨母的至愛，賣的是中藥酒，架上一排排的瓶子不

圖117｜位於廣福道1號的房子。

但浸著中草藥，還有些浸著蛇和初生的小老鼠，她每次到大埔都要來看看。夏天的時候，店子天花的風扇緩慢地轉，老闆穿著白汗衫，搖著手中的葵扇，和姨母講藥酒經。幾十年後，我終於明白姨母為什麼愛到這兒：姨夫生前習武，是林世榮的弟子，對跌打藥酒有研究，姨母早孀，大概在這店裏找到了一點對丈夫的回憶。

圖118｜位於舊墟的汀角道的小洋房。

印象中這排中式房子還有一家當舖，但準確地點不能肯定。有這個印象，是因為外婆在夏天愛把毛裘大衣送到那兒，請他們當一個最低的價錢，到了冬天贖回，付一點點利息，就有人替她管保裘衣不受潮濕和蟲咬。

圖118的小洋房位於舊墟的汀角道，是現存大埔老民居中裝飾藝術風格最明顯的房子，從樓梯與房子的綫條比例及窗框下和樓梯頂上的裝飾都可以看出，當年新建成的時候，應該非常精緻。

老郵局原址

按照我模糊的童年記憶，這幾家被改裝得認不清原貌的房子是政府物業，原來的大陽台現在都被玻璃窗包圍了。起初大埔的郵件都靠警署和理民府處理，獨立的大埔郵局在1945年才啓用，位於廣福道，似乎就在這個地點，到了1979年再遷往新建成的大埔政府合署。當年老郵局旁邊還有一間診所，都是黑瓦頂的舊建築物，不是今天的模樣。

小時候在老郵局常聽到原居民問匯率，答案是一英鎊兑港幣16元。1960年代區內郵局的「生意」有兩大主流，一項是在英國餐館工作的原居民匯錢回家。他們家裏把錢存起來建房子，現在大埔不少村子還有刻著建築年份的老式村屋，多半是那個時期建成的。另一項就是香港人寄物資和錢接濟大陸的親友。幾乎整個1960年代，大陸不是大饑荒就是政治惡鬥，香港最流行寄食油回鄉，還要用毛巾做個口袋把那罐裝的油包裹著，好讓親人收到之後，不但有油可吃，還有一條寶貴的毛巾可用。當然，寄這些東西的時候還得同時匯錢，因為大陸的親人領取物資前，必得先付税——夠絕吧？遠著呢。寄到大陸的食油對大小重量的限制刁鑽得很，只有大陸出產的牌子才合標準，這樣又吃一口。

圖119｜大埔郵政局舊址位於廣福道。

廣福橋和廣福道北端

廣福道本來是大埔公路的一部份，1936年稱為大埔大街（相等於英國小城的 High Street），南接九龍，北通粉嶺，但後來居上的吐露港幹綫卻把它切斷了，大埔公路變成斷斷續續的「舊路」。在大埔墟範圍，首先遭廢棄的是當年讓太和市興旺起來的廣福橋。林村河兩岸造地工程完成後，另建了連接兩岸的行車新橋和古色古香的行人橋，但當年的政府頗有歷史感，沒有把原來花崗石建成的廣福橋化為廢料，而是重新放置在靠近原址的地方——現在的普益街口，讓知情的人懷念。可惜現在的政府不好好維護這塊可以是花圃的地方，讓它變得有點邋裏邋遢。

這條橋和它的前身不但造就了太和市（今日的大埔墟），也見證了日軍進佔和一代又一代的超級颱風，還有大埔交通的轉變。早年巴士班次很少，廣福橋的橋頭總有營業的自行車在那兒招客，乘客座位就是一塊木板，一些

圖120｜廣福橋。

圖121｜1960年代廣福道的北端，照片中可見來往上水和九龍的巴士，從這兒再往北走一小段，是一座相當大的火車橋，現在路和橋都沒有了。

圖122｜今天的同一位置，太和邨的圓環就是廣福道畫上句號的地方。

在菜市場買東西的主婦是常客，車資大概是幾毛錢吧。可別小看幾毛錢吶，據我外婆說，當年一毛錢就能買一碟叉燒，我自己還記得小時候一毛錢一條油炸鬼，後來一漲價就貴了三倍。

光看外表，很難想像這兒最老的汽車加油站有近90年歷史了。1960年代香港夏天經常「制水」，最「慘烈」的一次是每四天供水四小時，但加油站不在此限（好像是為了安全的緣故）。我們兒時住的古老大屋離開這幾家加油站不過三、四分鐘，據說要應急的時候，家傭就拿著水桶到加油站求助。圖113右下角的魚塘和農田中間，有一家樹叢圍繞的古老大屋，是作者的兒時故居。這一大片魚塘和農地在1970年代填平了，成為現在的「太和」。

歷史診所

汀角路天后廟旁邊的賽馬會診所，大埔居民應該很熟悉。雖然名為賽馬會診所，但其實除了馬會出資之外，還依賴大埔頭鄧族才能建成，因為這塊屬於舊墟中心區的地，本是鄧勳臣所有，由他的兒子鄧若璠和鄧棟華捐出。

圖123｜大埔賽馬會診所。

這棟建築物在1955年啓用，頂樓是醫護人員的宿舍，樓下是診所，二樓是產房，可以容納20位產婦。我有一位朋友在1949年和家人逃難到香港，他們一家在大埔舊墟租了房子居住，他的弟弟就在這兒的產房出生。我對這兒有點印象（來自母親說的趣事，算不上是自己的記憶），就是產房在聖誕節的時候會放一棵盛裝的聖誕樹：我的弟弟也在這兒出生，他的生日在聖誕後幾天，母親說我們去探望的時候，護士長在聖誕樹上摘下兩個天使，送給我和妹妹。

我自己對這兒最早的記憶，來自在大埔官立小學唸書的年代，那時官立學校的學生沾上公務員資格，在政府診所優先排隊，我就佔過便宜。現在大埔墟火車站月台上有一張老照片，是大埔賽馬會診所同仁合照，它讓我想起當年一位白禮醫生——他是混血兒，長得很英俊，不但護士們都迷上了他，連很多去看病的人也都成了粉絲，真的很有趣。

再見了，可愛的幼稚園

我小時候，區內的幼稚園由不同的宗教團體主辦，多半是獨立房子。到了21世紀，圖124的聖保祿修女幼稚園成了碩果僅存的一家，但終於還是等不到這本書出版就被拆掉重建了，雖然依舊是幼稚園，但外貌不再可愛。以這張照片為《大埔故事》壓卷，頗有意義。

圖124｜聖保祿修女幼稚園。

聖保祿修女會在1960年代後期到香港開始辦學。這兒靠近大埔墟的天主教堂，按我兒時的記憶，它的前身應該是天主教的「大埔幼稚園」，在區內頗有名堂，我不少小學同學都曾是這兒的學生。我也在這兒唸過兩個月左右，後來因為天天吵著退學，父母煩不過來，終於讓我轉校。說到我要退學的原因，大家可能覺得有點匪夷所思：大埔幼稚園規定學生每天下午要到閣樓去睡午覺，每人有自己的小毯子；我從小就失眠，天天坐起來看毯子上那粉黃色的大蝴蝶，總要被老師指指點點，強迫我躺下閉上眼睛，真是無聊兼煩惱極了。轉校後，我唸過禮賢會和五旬節會辦的學校，從此再沒有踏足天主教校門。

從前的幼稚園都有戶外的小園地，大埔幼稚園有鞦韆，禮賢會有沙池；現在講究的不是這些，而是要有冷氣，有消毒設備。從這些小事可以真切地看到大半個世紀的轉變。